サッカーの
コーディネーショントレーニング

ペーター・シュライナー 著
白石 豊 + 泉原嘉郎 共訳

KOORDINATIONSTRAINING
FUSSBALL

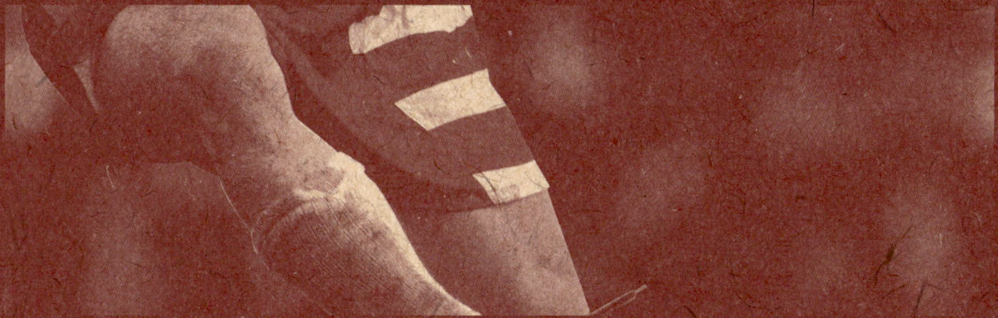

DAS PETER-SCHREINER-SYSTEM
PETER SCHREINER

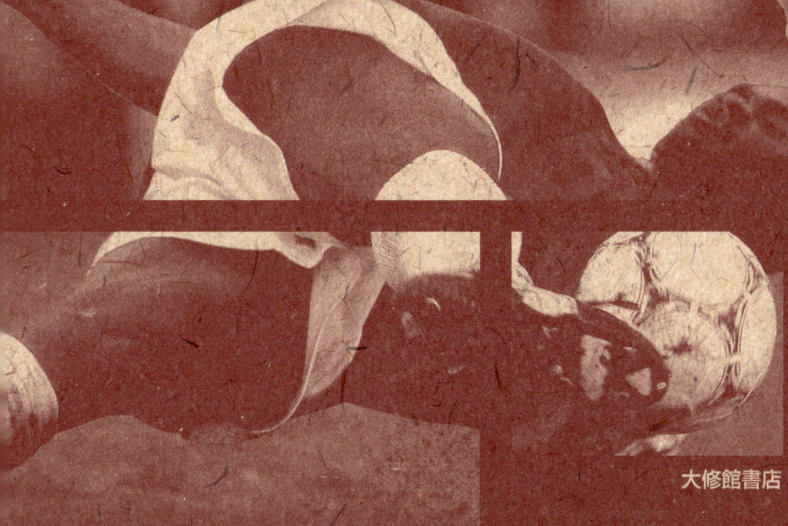

大修館書店

KOORDINATIONSTRAINING FUSSBALL

by Peter Schreiner

Originally published under the title KOORDINATIONSTRAINING FUSSBALL

Copyright © 2000 by Rowohlt Taschenbuch Verlag GmbH, Reinbek bei Hamburg

by arrangement through The Sakai Agency

Taishukan Publishing Co., Ltd.

Tokyo, Japan, 2002

発刊によせて

　現在のスポーツ科学では、コーディネーションを「ある運動を行う際に、それがうまくいくように神経や筋肉が協調して働くこと」と定義している。サッカーの最終的な目標は、もちろんゴールを奪って点を取ることに尽きる。しかし、それに至るまでのプロセスでは、敵味方入り乱れての複雑な攻防が繰り広げられることになる。さらにこうした攻防では、パスやドリブル、ヘディングといった基本技術ばかりでなく、ランニングやジャンプなどのさまざまな動きが要求される。このような精妙で複雑な動きは、ジュニア層からトップ選手に至るまであらゆるレベルの選手に必要なばかりでなく、試合を見ている観客をも魅了するエキサイティングなプレーの源泉でもある。サッカーの試合中に見られるこうした巧みな動きを効率的に身につける方法、それがコーディネーショントレーニングである。

　私はこのたび、ペーター・シュライナーの手によって、現場からは待望されつつも表現することが難しかったコーディネーションに関する本が出版されることに対して、心からのお祝いを申し上げたい。彼は本書の中で、これまでのコーチとしての豊富な経験を十分に生かし、本来は説明の難しい理論を、実践的にわかりやすく説明してくれている。とくに前半では、一般的なコーディネーショントレーニングとサッカーのコーディネーショントレーニングのつながりが具体的に述べられており、さらに技術トレーニングとコーディネーショントレーニングの関係についてもわかりやすく説明されている。こうしたことから私は、本書がコーディネーショントレーニングの入門書として多くのコーチや指導者たちに読まれ、現場で利用されるようになることを確信している。

　ドイツのサッカー選手と南米やアフリカの選手とを比較してみると、残念ながらドイツ選手の方がコーディネーション能力の点で劣っていることが指摘されている。こうした弱点を積極的に改善していくためには、ドイツサッカーのコーチや指導者は、コーディネーショントレーニングを徹底して行い、選手たちの持っているすばらしい能力を計画的に引き出し、養成していく必要がある。

　本書の中でシュライナーが紹介してくれた画期的なトレーニングを私自身も実践し、これからもおおいにサッカーを楽しんでいきたいと思っている。

ワールドカップ ドイツナショナルチーム コーチ　エリッヒ・ルーテメラー

contents

　　　◇発刊によせて　1
　　　◇日本語版の発刊にあたって　4
　　　◇コーディネーショントレーニングとの出会い　6
　　　◇コーディネーショントレーニングがなぜ必要か　10

第1章 基礎的コーディネーショントレーニング

- Ⅰ　基礎理論　……………………………………………………………………　16
  - ❶サッカーのためのランニングコーディネーション　16
  - ❷コーディネーションとパワー　17
  - ❸コーディネーションと持久力　18
- Ⅱ　ウォーミングアップのなかにコーディネーションを取り入れる　………　19
  - 1　ファスナー　20
    - 縦に向かってのダッシュ　20
      - ❶ボールなしでのトレーニング　20
      - ❷ボールを使ったトレーニング　21
    - 斜めに向かってのダッシュ　22
      - ❶ボールなしでのトレーニング　22
      - ❷ボールを使ったトレーニング　24
  - 2　正方形の中でのダッシュ　26
  - 3　パートナーとのダッシュ　27
- Ⅲ　ランニングとジャンプを組み合わせたコーディネーショントレーニング　……　29
  - 1　スティックを使ったトレーニング　29
    - ❶トレーニングのしかた　29
    - ❷さまざまなステップ、ジャンプを取り入れる　32
    - ❸スティック（ミニハードル）の並べ方について　38
    - ❹スティックとスティックの間にスペースをつくる　40
    - ❺スティックを使ったその他のトレーニング　42
    - ❻スティックを使って1人で行うトレーニング　45
  - 2　フープを使ったトレーニング　50
    - ❶トレーニングのしかた　50
    - ❷フープを使ったその他のトレーニング　51
  - 3　スティックとフープのコンビネーション　56
- Ⅳ　腕と脚のコーディネーション　…………………………………………………　62
  - 1　長縄跳び　62
  - 2　靴踊り　63
  - 3　操り人形　65
- Ⅴ　スピードと反応　…………………………………………………………………　74
  - 1　ランニング技術　75
    - ❶ランニング技術を養うトレーニング　76
  - 2　スプリント走　77
    - ❶いくつかのドリルを行った後でのスプリント走　77
    - ❷方向転換、ブレーキ、加速を行いながらのスプリント　78
    - ❸その他のスプリントトレーニング　81
  - 3　反応と方向感覚　85

第2章
サッカーのコーディネーショントレーニング

- I 基礎理論 …………………………………………………………………… 90
  - ❶サッカー選手に必要なコーディネーション能力　90
  - ❷さまざまなプレッシャー条件　91
  - ❸技術・コーディネーショントレーニング　93
- II 技術的な要素を取り入れたコーディネーショントレーニング ………… 94
  - ❶パートナーとのトレーニング　94
  - ❷グループで行うヘディングのトレーニング　96
  - ❸グループで行う2回連続パス　97
  - ❹複数のセットを組んでグループで行うトレーニング　97
  - ❺複合トレーニング　99
- III コーディネーションの要素を取り入れた技術トレーニング ………… 102
  - 1　バランスと身体のコントロール　102
  - 2　ボディープレッシャー　103
  - 3　ボール感覚　104
    - ❶ボールリフティング　104
    - ❷複数のボールを使ったトレーニング　106
    - ❸いろいろな形状のボールを使って行うトレーニング　110
  - 4　時間のプレッシャー　116
    - ❶グループでの競争　116
    - ❷パートナーとの競争　118
    - ❸2つの課題を設定して行うトレーニング　119

第3章
ボール・コロビクス

- I ボール・コロビクスの基本的な概念 …………………………………… 122
  - ❶トレーニングのポイント　123
  - ❷ボール・コロビクスに必要な2つの要素──リズムと集中力　124
- II ボールコントロール …………………………………………………… 125
  - ❶足でのボールコントロール　125
  - ❷腕の動き　126
  - ❸ボールコントロール　129
- III 手でボールを持って行うトレーニング ……………………………… 132
  - ❶動きながらのトレーニング　132
  - ❷コンビネーション　139
  - ❸パートナーまたはグループで行うトレーニング　140
  - ❹その他のトレーニング方法　143

日本語版の発刊にあたって

　韓国と日本の共同開催で行われた「2002・FIFA・ワールドカップサッカー」が、大成功のうちに閉幕して3ヶ月が過ぎようとしている。ホスト国である日本は、当初の目標である決勝リーグ進出を果たし、また韓国は戦前の予想をはるかに超えて、史上初の4位という快挙を成し遂げた。その活躍ぶりに両国の国民が熱狂的な声援を送ったことは、いまだに記憶に新しいところである。自国選手のプレーを手に汗握って応援するというのも、スポーツのひとつの楽しみ方であることは言うまでもない。しかし、今回のワールドカップは、私たちにもっと違うものも、つまりこれまでとはまったく次元の違うサッカーを見せてくれたのではないだろうか。

　私も含めて、今回の大会期間中に、にわかサッカーファンになった方は少なくないだろう。私は10歳の頃に体操競技を始めたので、このスポーツとはもうかれこれ40年近いつきあいとなる。今と違って私が子どもの頃は、遊びといえば野球だったし、その後も、自ら水泳、スキー、テニス、ゴルフとさまざまなスポーツを練習し、また見て楽しんでもきた。ところがサッカーとなると、苦手と言った方がいいだろうし、またたまにテレビで見たとしても、華麗なゴールシーンにばかりに目がいっていた。サッカーを専門にやってこられた方や、熱心なサッカーファンから見れば、「なんてもったいない。これだから素人は困るよ」ということになるのだろう。しかし、今回のワールドカップの前までは、私のような日本人もけっして少なくはなかったのではないだろうか。

　ところが目が覚めた。いや開かされたと言った方がいいのかもしれない。日本の勝敗とは別に、各国のスーパースターたちが連日見せてくれるすばらしいプレーに、私は驚嘆した。よく組織力と個人技ということが言われる。サッカーのゲームにとっては、もちろんどちらも大切であることは言うまでもない。しかし、サッカー素人の私の目を奪ったのは後者、つまり個々の選手が繰り広げる絶妙な動き（体さばき）だったのである。ところでこうした卓越したプレーは、何によって生み出されているのだろうか。サッカーに限らずあらゆるスポーツでは、技術、体力、精神力、戦術などさまざまな要素が絡み合って、一つのプレーが生まれる。本書の主題である「コーディネーション能力」とは、これらの諸要素をまとめ上げ、その時々で最適な動きを創り出すものであると言ってよい。それはちょうどたくさんの楽器と奏者を一本の指揮棒でまとめ、聴衆を魅了する楽曲を演出するオーケストラの指揮者のようなものである。つまり、「コーディネーション能力」は、技術、体力、精神力、戦術などのどの要素とも密接に関連するきわめて横断的な性格をもっている。

　しかし、この「コーディネーション能力」は、一流選手のプレーにだけ必要なものではない。むしろそれどころか、子どもたちがサッカーを始めたごく初期の頃から、十分に養われなくてはならないものなのである。

わが国には、古くから子どもに芸事を習わせる最初の日は、6歳の6月6日がよいという言い伝えがある。6月6日というのは別にして、現代のスポーツ運動学においても、6歳（小学校入学時）頃から、11～12歳（第二次性徴直前）までの間の運動に関わる神経系の発達には、目を見はるものがあることが明らかにされている。つまり、この時期に自分の動きを上手にコーディネイトできる能力を身につけ、さらに年齢を重ねてその巧みな動きにスピードとパワーが加味されることによってこそ、一流選手への道が開かれることになるのである。こうした意味でコーディネーショントレーニングは、初心者から一流選手に至るまで、つねに計画的かつ継続的に行われるべきものなのである。

　ドイツはすでに50年ほど前から、このコーディネーションに関する研究に着手し、数々の成果を挙げてきた。ところが日本では、こうした面の研究はまだ緒についたばかりであり、さらに実際のトレーニング場面への応用となるとその事例はきわめて少ないと言わざるを得ない。幸い本書には、ドイツでの長い研究成果と、数多くの実践の中から生み出された具体的なトレーニング方法が数多く盛り込まれている。したがって本書は、サッカー関係者はもとより、他のスポーツ種目の選手や指導者にも、動きづくりのためのさまざまなヒントを提供してくれることであろう。

　私が本書を手にしたのは、2001年の4月のことであった。本書の共訳者であり、私の研究室の大学院生である泉原嘉郎君（サッカー）が、その直前にドイツのケルン体育大学に赴き、同大学のサッカー関係者からわかりやすくとても役立つからと紹介されたとういうことであった。

　早速、翻訳作業にとりかかったが、本書に紹介されている数多くのドリルについては、サッカー関係者ではない私などには、文字からその動きのイメージを浮かべるのがたいへん難しく思われた。その後、著者ペーター・シュライナーと連絡をとるなかで、彼が『サッカー選手のためのコーディネーショントレーニング』と『サッカー選手のためのボール・コロビクス』というビデオを出していることが明らかになった。早速、取り寄せて見たところ、非常によくできたビデオで、ドリルの内容を一目瞭然に理解することができた。

　これは本ばかりでなく、映像としても日本に紹介した方がよいということになり、本書と同時にビデオ版も出版する運びとなった。読者諸兄には、本書とあわせて是非ビデオ版もご覧いただくことをお勧めしたい。

　最後に、今回の出版に際して、さまざまな面でご援助いただいた大修館書店の平井啓允氏に対して、心からの謝意を申し上げます。

福島大学教育学部教授　白石　豊

コーディネーショントレーニングとの出会い

　ドイツで長年にわたる研究と実践を経て、今やヨーロッパ各国において、とくにジュニア選手養成の中心的な柱として位置づけられているのがコーディネーショントレーニングである。

　私がコーディネーショントレーニングに出会ったのは、2000年の夏に千葉県サッカー協会主催の指導者研修会に参加した時のことである。1週間という短い期間だったが、イタリアサッカー協会のテクニカルディレクターである、アントニオ・ディ・ムッシアーノ氏から「イタリアのジュニア選手育成」について学ぶことができた。その時のキーワードが「コーディネーション」だった。

　アントニオ氏は、近年のイタリアにおける問題点として、運動を行う場所や機会が年々減少していること、またそれにともなって、子どもたちの運動能力が著しく低下していることを指摘した。こうした問題を改善するために、走る、跳ぶ、投げる、捕る、といった基礎的運動能力を向上させ、さらにはサッカーで必要とされるさまざまなテクニックを効果的に習得することができるコーディネーショントレーニングを、とくにジュニアの年代のうちに精力的に行う必要があることを強調した。

　2001年の春にケルン体育大学を訪れた私は、そこで白石先生の古くからの友人であるペーター・ブリュッゲマン教授（バイオメカニクス、ケルン体育大学副学長）にお会いする機会を得た。私の専門がサッカーであることを知った教授は、すぐに同大学のサッカー関係者を紹介してくださった。そこで彼らから是非読むようにと推薦されたのが本書である。日本に帰国し、サッカーのコーディネーショントレーニングに関するテーマで、大学院での研究をスタートした私は、白石先生の指導のもとで本書の翻訳を進めていった。

　およそ1年を経て、本書の概要が明らかになった2002年3月、私は再びヨーロッパに渡り、とくにイタリアとドイツのコーディネーショントレーニングの実際を調査することにした。まず最初に、イタリアの強豪サッカーチームのインテル・ミラノでコーディネーショントレーナーをしているステファノ・ベリンザーギ氏に会うために、同チームのジュニアユースの練習場を訪れた。幸いにもそこで、同氏の指導するコーディネーショントレーニングを実際に見学し、説明を受けることができた。

　その際ベリンザーギ氏は、できるだけ年齢が低いうちからコーディネーショントレーニングを行い、多彩な動きを経験しておくことによって、身体全体を器用に動かすためのベースとなる、巧みさやすばしっこさを養っておく必要があること、さらには14歳ぐらいまでの間に、きちんとした走り方を身につけ、左右両脚でなんの違和感もなくボールを蹴ることができる状態にしておかなければならないことを強調された。

　イタリアを後にした私は、本書の著者ペーター・シュライナー氏に会うためにドイツ

を訪ねた。シュライナー氏を訪ねた初日に、ちょうどクラブに所属する6歳以下の子どもたちの練習が行われていた。トレーニングの途中で彼は、子どもたちの練習を見に来ていた保護者たちに次のような話をした。「一昔前は、街でストリートサッカーをしている子どもたちをよく見かけたものです。しかし、今ではそんな光景を見かけることはほとんどありません。そればかりでなく、子どもたちが遊ぶ場所は減る一方ですし、テレビゲームに夢中になる子どもの数が増えているのは周知の通りです。そこで私は、今日皆さんがご覧になったような基礎的な運動能力の養成とあわせて、サッカーで必要とされるさまざまなテクニックを効率よく習得することができる、コーディネーショントレーニングを積極的に行っているのです。」

　本書の冒頭で、ドイツ語版の「発刊によせて」を書いているドイツナショナルチームのコーチであるエリッヒ・ルートミュラー氏も、ワールドカップ予選でイングランドに5－1で大敗した直後のコメントの中で、ドイツのサッカー選手は13歳までのゴールデン・エイジにおけるコーディネーショントレーニングが不足していたため身のこなしが硬く、柔らかいボールタッチができない選手が増えていることを指摘している。

　幸いにもドイツは、今回のワールドカップで、準優勝という成績を収めることができた。次回のワールドカップは、そのドイツがホスト国となることが決定している。すでに今頃は、必勝を期してさまざまな強化プロジェクトがスタートしているに違いない。もちろんそのなかには、とくに若年層を中心にしたさらに斬新なコーディネーショントレーニングが組み込まれていることは、間違いないであろう。

　日本の読者の方々には、本書とビデオを通じて、ドイツのコーディネーショントレーニングについて理解を深め、実際の練習の中に少しでも取り入れていただければ幸いである。

　最後に、本書の翻訳を進めていくにあたり、多くの方々から貴重なアドバイスをいただくことができたので、以下にお名前を挙げ、心からの謝意を表します。

　まず、ドイツ語の細かなニュアンスの違いや質問に何度となく答えてくださったキルスティン・パーゲルス先生（福島大学経済学部講師）とリータ・ローレンス先生（福島大学非常勤講師）に。続いて、専門的な立場からドイツの指導上の言葉などを助言してくださった、奥寺スポーツアカデミーの川瀬周平氏に。そして何よりも私の大学院の指導教官であり、さまざまな人との出会いと今回の翻訳出版の機会を与えてくださった白石豊先生（福島大学教育学部教授）に心からお礼を申し上げます。

　　　　　　　　　　　　　　　　　　　　　福島大学教育学部大学院　泉原　嘉郎

本書の利用法

　本書は、コーディネーショントレーニングについての実践的な入門書であり、科学的な研究を扱った学術書ではない。しかし、専門的な内容に興味を持っている読者のために、最初の章で、コーディネーショントレーニングの基本的な理論について紹介することにした。それ以外の章では、さまざまなトレーニング内容をテーマごとに分けて紹介しているので、現場のコーチや選手の方々には、興味のある部分からお読みいただければ、すぐにでもトレーニングの手引きとして役立てていただけるようになっている。

　したがって、本書は通読しなくてはならないというものではなく、興味を持ったドリルをいくつか取り出してみて、実際のトレーニングに取り入れてみるというのが、もっともよい利用法ではないだろうか。本書を片手に実際に身体を動かしてみることが、コーディネーショントレーニングの知識を深めるもっとも確かな方法である。

　トレーニング方法をより具体的に理解してもらうために、言葉だけでは説明しづらいものは、できるだけ図や写真を用いるようにしたので参考にしていただきたい。

＊　　　＊　　　＊

私からの提案

　これまでコーディネーショントレーニングについて特別な指導を受けたことがなく、まだ経験の浅いコーチが、本書で紹介したような内容のトレーニングを取り入れることにより、指導の幅を大きく広げることができると私は考えている。誰でも、これまで長い間行われ、また信頼されてきたやり方を採用する方が楽だし、安心できることは確かだろう。だが、それでは人より一歩先を行くことはできない。そういう意味で、本書で紹介した新しい練習方法をすでに実際に試し、トレーニングや指導などに取り入れてくれた多くのコーチの方々に対し、心から賛辞を贈りたい。また、そうした向上心あふれる方々には、今後ともコーディネーションというまだまだ未開拓な分野の研究と実践を深められ、選手の育成に役立てていただきたいと考えている。

　本書で紹介したドリルのなかには、確かに難しいものもいくつかある。こうしたものを実際に選手たちのトレーニングに取り入れる前に、あらかじめコーチ自らが自分で試してみていただきたい。そうすることによって、かりにコーチ自身がそれをうまくこなすことができなくとも、大切なポイントを身体で感じ取ることができ、後で選手に指導する際にはうまく伝えられるはずである。もちろん、そうしたことがさらに深められていけば、トレーニング内容を言葉や文字で説明することもできるようになるであろう。

　一般的にどのようなスポーツの指導でも事情は同じだが、とくにコーディネーショントレーニングを指導するにあたっては、頭に知識を蓄積する以上に、コーチ自身があらかじめその内容を実体験しておくことが非常に重要である。

私は、私自身のこれまでの長い経験から創り出されてきたコーディネーショントレーニングの全容を、本書のなかで十分にお伝えすることができたと思っている。そのことによって本書が、今後のサッカー界において、さらに多面的、かつシステム化された指導法の構築に多少なりとも寄与し、また同時に多くのコーチたちの刺激となれば幸いである。

＊　　　＊　　　＊

どのようにコーディネーション能力を高めるか

　では、具体的にどのような方法でコーディネーション能力を養っていけばよいのだろうか。また、サッカー選手はどのようなコーディネーショントレーニングを行えばよいのだろうか。コーディネーション能力は、われわれの感覚器官である知覚の働きと密接な関係があるばかりでなく、イメージや集中力といった精神的要素とも深く関係している。

　このため人間の知覚能力が急速に成長をとげる子どもの時代に、コーディネーショントレーニングを行い、多様な動きのなかで身体を思いどおりに、しかも正確に動かせるように訓練しておく必要がある。実施にあたっては、単調な動きを無意味に繰り返すのではなく、集中して積極的に、いろいろな動きをおりまぜながら行っていただきたい。

　年齢と能力が上がるにしたがって、サッカー固有のコーディネーショントレーニングの量を増やす必要がある。しかし、さしあたって基礎的なコーディネーショントレーニングによって、さまざまな動きのベースを養うことになる。それから次のステップとして、トレーニングのなかにサッカーの動きを取り入れることによって、サッカーに必要な巧みな動きを身につけていくことになる。また、こうしたことを繰り返し行うだけでなく、多様なトレーニング課題を与えたり、意図的にプレッシャーをかけた状況を設定したりしてトレーニングをすることも重要である。

　こうしたトレーニングの積み重ねによって、選手たちは状況の変化にうまく対応しながら、洗練された技術を駆使して、難しい局面を打開できるようになるのである。

　コーディネーショントレーニングでは、スティックやフープがよく用いられる。さらにサッカーの技術的な要素を組み入れたり、また時間に制限を加えたり、あるいはステップの距離や心拍数を設定したりしてバリエーションに富んだトレーニングにしている。

　要約すると、コーディネーションは、運動をうまく行うためのキーワードであり、種々のトレーニングを行う場合にも、コーディネーションの要素を取り入れる必要があるということである。

ペーター・シュライナー

コーディネーショントレーニングがなぜ必要か

偉大なる選手の魅力

世代を越えて語り継がれるような伝説のプレーヤーになるためには、何が必要なのだろうか。超一流と言われている選手に共通しているのは、自らの実力を最大限に発揮するために、心と身体を最高の状態に整えることができるのはもちろんだが、それ以上にその選手にしかない独創的なスタイルを持っているということである。たとえば、フランツ・ベッケンバウアー、ヨハン・クライフ、ペレといった往年のスーパースターたちは、つねに最高のプレーを見せてくれたが、とくに、次の点できわだっていた。

- 試合の流れをすばやく正確に読み取る
- 戦術をすばやく決定する
- 洗練された技術を駆使して、試合の流れをコントロールする

それでは彼らのこうしたすぐれた技能は、何に支えられていたのだろうか。たとえば、抜群のボールコントロールによって、ここ一番という場面で確実にチャンスをものにするためには、ボールへの集中力、多様な技術を駆使してゲームを組み立てる能力、優れた判断力、さらにはさまざまな状況下でのすばやい動きなどが同時に要求される。つまり、こうした個々の能力を統合してうまく発揮できるコーディネーション能力の優劣こそが、超一流のサッカー選手と並みの選手とを分ける最大のポイントであると言ってもけっして過言ではない。

コーディネーショントレーニングの必要性

現代のサッカーで、コーディネーショントレーニングが注目されるようになった理由として、ここ10年ほどの間に子どもたちの生活環境が大きく変化し、そのために次のような問題が出てきたことがあげられる。それは、

- 運動経験の貧困化
  （例：木登りをする、転がる、跳びはねる、バランスをとるなどの運動の欠落）
- 慢性的な運動不足によるコーディネーション能力の低下

の2点である。

こうした事情を受けて、とくに最近のジュニア選手たちは、コーディネーショントレーニングによってサッカーに必要な複雑な動きを身につけることがより必要になってきている。

コーディネーショントレーニングと競技スポーツ

　計画的かつ専門的なトレーニングを行うことで、ジュニア選手に必要とされる基礎的な運動能力を効果的に身につけることができるばかりでなく、選手の潜在能力を高めることもできる。

　こうしたトレーニングのもっとも基本となるのがコーディネーショントレーニングということになる。実際に、アヤックスのアムステルダムだけでなく、ブンデスリーグのいくつかのチームでもすでに取り入れられている。たとえばFCシャルケ04では、長期にわたってジュニア選手のための基礎的コーディネーショントレーニングと、その応用編であるサッカー用のコーディネーショントレーニングを行ってきた。こうした事例からもコーディネーション能力の養成とその向上は、スーパースターたちが見せてくれる神業のようなプレーを支える土台であることが理解されよう。

　つまり、コーディネーショントレーニングは、ジュニア選手の養成に必要なばかりでなく、あらゆる年齢層やレベルの選手に不可欠なものなのである。

　もちろん実際にトレーニングを行う場合には、選手の能力・年齢によってその内容や難しさは変わってくる。たとえば9歳の子どもに対しては、基礎的な運動能力を身につけるのに必要なコーディネーショントレーニングを行うことになるし、サッカーの技術習得に資するようなトレーニングでは、たとえば時間を制限したり、タッチ数を制限したりといったようなさまざまな条件を設定することになる。

さらなる成功に向けて

　運動する場合に、それを合目的的に、速く、力強く、なおかつ効率的に行うためには、すぐれた筋肉が必要とされるばかりでなく、各筋肉が神経系の働きによってうまくコントロールされていなければならない。つまり、中枢神経系の働きと筋肉とのスムーズな協同作業があってはじめて、身体の動きをうまくコントロールすることができるようになる。コーディネーションを簡単に説明すればこのようになるが、もっとサッカーに即して言うと次のようになる。

　まず第一段階としては、サッカーの基本的な動きを習得し、それに合わせて身体をうまくコントロールできるようにならなければならない。続いて、新しい技術を効率的に習得し、それらを正確にかつ無駄なく行えるようになるばかりでなく、さらに予測不能な出来事に対してもうまく対応できるようにならなくてはならない。

　こうした段階を経ながらコーディネーション能力を高めることによって、相手選手からの激しいプレッシャーや限られたスペースでのプレー、あるいは時間的に制限のある状況でプレーせざるを得ないような場合にも、自らの技能をいかんなく発揮することができるようになるのである。

コーディネーション能力

コーディネーション能力について、以下のような疑問が寄せられることがよくある。
(1) コーディネーション能力の他に、あらゆるスポーツ種目に適用されるような能力はあるのだろうか？
(2) 陸上競技やサッカー競技における反応時間を、運動能力テストなどで行われているストップウオッチを用いた反応テストによって測定することができるのだろうか？

サッカーで要求されるコーディネーション能力について述べる前に、これらの疑問について私の見解を述べておくことにしよう。

まず(1)の「コーディネーション能力の他に、あらゆるスポーツ種目に適用されるような能力はあるのだろうか？」という問題については、いまだ明らかにされていないというのが正直な答えである。

続いて(2)の「陸上競技やサッカー競技における反応時間を、運動能力テストなどで行われているストップウオッチを用いた反応テストによって測定することができるのだろうか？」という問いについては、私は次のように考えている。

サッカーのゲームでは、われわれの感覚器官のうち主に視覚と聴覚、そして触覚（フィーリング）などの複合された知覚の働きや、それまでに蓄積された運動経験によって、次に起こることをある程度予測しながら、さまざまな状況に反応している。したがって、運動能力テストなどで行われる、ピストルの音（聴覚のみ）や、スティックの落下（視覚のみ）といった単一のシグナルに対する反応テストでは、サッカーで要求される反応能力を測ることはできない。それに対してコーディネーション能力のなかには、サッカーに必要な反応力についてもさまざまな要素が含まれている。つまり、コーディネーショントレーニングで鍛えられる「すばしっこさ」は、単純な反応時間の速さとは違うのである。

さてそれでは、どのようなコーディネーション能力が、サッカー選手にとって必要なのだろうか。以下に、サッカー選手にとって必要なコーディネーション能力を列挙しておくことにしよう。

- 定位能力（例：味方選手や相手選手との関わりのなかや、自らが方向転換をするなかで、フィールドにおける自分の位置を把握する能力）
- 識別能力（例：ボールリフティングなど）
- バランス能力（例：相手選手の妨害を受けながらも、ボディーバランスを保つ能力）
- 反応能力（例：ゴールキーパーがシュートを防ぐ際のすばやい反応）

- リズム能力（例：ジャンプからヘディングに移る際にうまく歩幅を変える、巧みなドリブルやフェイントのためのステップ）

また、他の文献では、以下のコーディネーション能力や要素が挙げられているが、ここでは列挙するにとどめておきたい。
- 変換能力[*1]
- 連結能力[*2]
- 運動感[*3]
- 可動性[*4]
- 先取り能力[*5]
- 運動記憶能力[*6]

〈訳者注〉

*1 変換能力…状況の変化にすみやかに対応して、そのつど最適な動きにすばやく切り替えることができる能力。たとえば、サッカーのゲーム中でよく見られる1対1の状況において、ディフェンダーが相手のフェイントに惑わされずにうまく対応していくのに必要な能力などがこれにあたる。

*2 連結能力…複数の動作を連続して、スムーズに行う能力。とくにサッカーの場合多様な動きのなかでボールを蹴ったりコントロールしなければならないが、たとえば、トップスピードにのってドリブルしながらシュートしたり、走りながらうまくボールをトラップしてすぐに味方にパスしたりすることなどが、こうした能力として挙げられよう。

*3 運動感…運動感は、2つの意味を持っている。ひとつは、「体験としての運動感」と呼ばれ、新たに運動を身につける際の手がかりであり、それまでに経験してきた運動から得られたさまざまな情報（眼や手足などでとらえた動きの感覚によるもの）となるものである。もうひとつは、「資質としての運動感」で、これは運動をイメージし、遂行することのできる能力である。

*4 可動性…一般に「柔軟性」とは、関節をできるだけ大きな範囲で動かすことができる能力であるととらえられているが、ここでは巧みにすばやく動くためのもとになる、動きのしなやかさとしてイメージしていただきたい。

*5 先取り能力…それまでの運動経験に照らし合わせて予測する能力のことであり、味方や相手選手の動きの先取りと、ゲームの状況や流れの先取りとに分けられる。たとえば、相手のフェイントにうまく対応したり、次に起こる状況を予測してそれにふさわしい動きをすること、などが挙げられる。

*6 運動記憶能力…一度身につけた運動を、次にその動きをする際に同じように再現することができるように、動きの感覚を記憶しておく能力。

ビデオの紹介

　本書の著者ペーター・シュライナー氏監修のビデオ2巻を販売しております。コーディネーショントレーニングやボール・コロビクスのトレーニング方法をわかりやすく、具体的に解説したビデオとして海外で好評を得たものを、平易な日本語で解説しました。

　本書のよりより理解のためにも、ご利用をお勧めいたします。

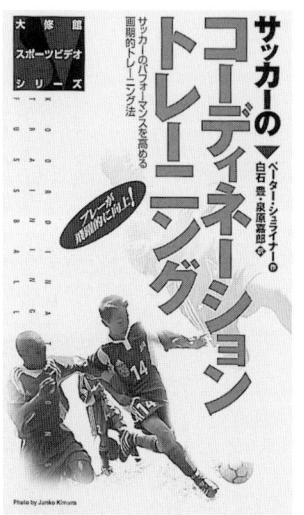

VIDEO　サッカーのコーディネーショントレーニング

神経－筋の連動性を高め、敏捷性、巧緻性、スピード、状況判断能力などを飛躍的に高める画期的なドリル。
ペーター・シュライナー作
白石豊・泉原嘉郎訳
VHS 60分　本体3,000円

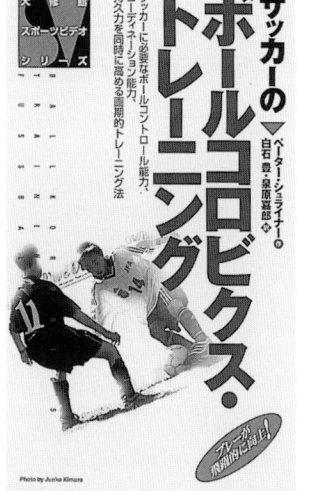

VIDEO　サッカーのボールコロビクス・トレーニング

音楽に合わせてエアロビクスをやりながら、巧みなボールコントロール能力、コーディネーション能力を高める。
ペーター・シュライナー作
白石豊・泉原嘉郎訳
VHS 60分　本体3,000円

基礎的コーディネーショントレーニング

第 1 章

基礎理論

　ジュニア選手は、できるだけ早い時期にいろいろな動きのなかで、自分の身体を思いどおりに動かせるようになる必要がある。そうした子ども時代の豊富な運動経験が神経系の発達を促し、その後に続く筋肉の発達によって、身体をもっとじょうずにコントロールして動くことができるようになるからである。
　こうしてコーディネーション能力の基礎を養うことができるが、どんな種目でもこの能力に優れたスポーツ選手は、心身を最高の状態に整え、目的の運動をうまくやりとげることができるのである。

❶サッカーのためのランニングコーディネーション

　現代のサッカーの特徴として、ゲーム展開が非常にスピーディーだということがあげられる。このため、選手にはすばやい判断が求められるだけでなく、急に方向を変えたり、限られたスペースの中ですばやく移動したり、攻撃から守備への速い切り替えを行うといった高いレベルのプレーが要求される。こうしたことから、走りに関する多様なコーディネーション能力の、専門的かつ体系的な訓練が必要となる。もちろんランニングの技術やリズムなどについても考慮することは言うまでもない。
　それではサッカーのためのランニングのコーディネーショントレーニングには、いったいどのような特性があるのだろうか。サッカー選手に要求されるランニング能力は、陸上選手とは違っていると考えた方がよい。なぜならサッカーでは、ジャンプ、ターン、方向転換、ボールを持った動き、1対1のなかで前後に走るといったように多様な走形態が展開されるし、さらにゲーム状況に応じて、

つねにステップの速さや長さを調節することも要求されるからである。

　このように選手には、ゲームで要求される多様な形態の走りを、目的に応じて自在に変化させていく能力が要求される。

　ランニングのコーディネーショントレーニングを行う際には、神経系の働きと脚の筋肉との協働作業が重要となる。すばやくかつ細かいステップを踏むことによって、選手はどんなタイミングでも確実にパスを受け、またうまく方向転換できるようになる。このとき選手には、絶え間ない細かいステップが要求されるが、こうすることで身体をうまくコントロールし、瞬時に任意の方向に加速することが可能になる。また、ステップの速度や長さを変える多様なトレーニングによって、実際のゲームのなかで要求されるランニングスピードに順応しやすくなる。さらに全力で長い距離を走る場合は、限られたスペースで走ったり、軽いステップで方向変換を行うときとは異なる脚の使い方が要求される。そのためには、細かいステップで1対1の状況から瞬時に抜け出し、一気にロングランへと移行できる能力を身につけなければならない。

❷コーディネーションとパワー

　この章では、ランニングと両脚、または片脚で行うジャンプを組み合わせた基礎的なコーディネーショントレーニングを紹介する。このトレーニングでは、つまずかないように気をつけながらリズミカルに走ったり、ランニングからジャンプへの切り替えをスムーズに行わなければならない。さらにランニングやジャンプの組み合わせだけでなく、パスやドリブルといったサッカーの動きも取り入れながら、それらがスムーズに動けるようにする必要がある。

　サッカーでは、一瞬のわずかな動きが、ゲームの結果を左右することがよくある。その場の状況に瞬間的に反応し、スピーディーに動きを切り換えていくためには、強靭な脚力が必要となる。また、ひとつひとつの筋肉どうしが相互に調和し、動きが活性化されるようになると、筋肉全体に大きなエネルギーが生まれ、筋肉に本来備わっている潜在能力を引き出せるようにもなる。

　こうした諸筋群のコーディネーションによって、筋肉に秘められたパワーが最大限に発揮できるようになる。また、拮抗筋と主動筋とのスムーズな共同作業によって、スピードやパワー、あるいは持久力が十分に発揮されるようになるのである。

❸コーディネーションと持久力

　スポーツ活動においては、運動に関与している筋肉を効率よく働かせるとともに、動きに関わっていない筋肉をリラックスさせておくことによって、無駄なエネルギーの消費を防ぐことができる。また筋肉どうしの動きの調和が図れるようになると、持久力を大幅に向上させることができるようになる。

ウォーミングアップのなかにコーディネーションを取り入れる

　ウォーミングアップに、コーディネーショントレーニングを取り入れることで、ランニング技術や、ジュニアの時期に養っておかなければならない基礎的なコーディネーション能力を養うことができる。さらに、ドリブルの要素を組み合わせると、楽しみながらトレーニングを行うことができるし、バラエティーに富んだトレーニングを用意しておけば、選手はあきずにやり続けることができる。

　ここでは、①ファスナー（選手の走るコースがファスナーに似ていることからついた名称）、②正方形のグリッドの中でのダッシュの2通りの方法を紹介することにしよう。この方法は、子どもたちだけでなく、大人の選手にも有効である。

　さらに、この他にも、パートナーと2人1組で走るトレーニングも紹介する。

1 ファスナー

　ウォーミングアップでは、選手が意欲的に取り組めるように、楽しみながらできるトレーニングが工夫されている。また、その日に行うおもなトレーニングの要素を含みつつ、コーディネーション能力を十分に発達させる要素も含まれている。ここで紹介するファスナートレーニングは、ジュニア選手だけでなく、トップ選手でも利用できる変化に富んだ内容のものである。
　ファスナートレーニングは、次のような２つの動きに分けられる。
［第１段階］
　コーンまで、縦に向かってダッシュ（ボールを使って、あるいはボールを使わないで行う）。
［第２段階］
　コーンでターンした後、斜めに向かって走り抜ける。

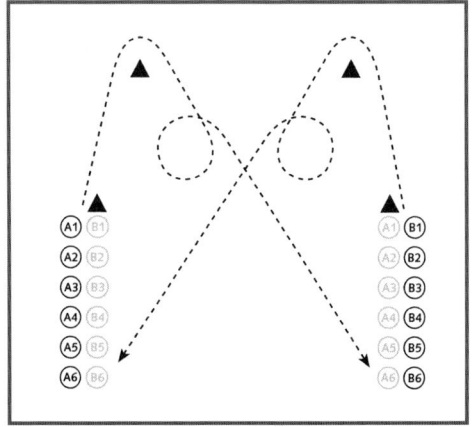

縦に向かってのダッシュ

❶ボールなしでのトレーニング

　ランニングの技術を養うこのトレーニングには、十分なウォーミングアップ効果があるとともに、コーディネーション能力の向上にも役立つ。
　※ここではまず、ボールを使わないで、以下に示すようなやり方でコーンまで進む。

1. ゆっくりしたスピードで、かかとをおしりの方にもってくる。
   ——両足交互に。
   ——ステップしながら右足だけ。
   ——ステップしながら左足だけ。
2. すばやい動きのなかで、かかとをおしりの方にもってくる。
3. 足首に力を入れながら走る。
   ——自分の前の選手を追いかける。
   ——前の選手と間隔をとって走る。
4. ホップランニング
5. サイドステップ
6. 膝を抱え込みながら走る。
7. スキップ（脚をすばやく動かして、ふとももが地面と水平になるように膝を上げる）。
   ——両脚で。
   ——右脚だけ。
   ——左脚だけ。
   ——すねに力を入れながら。
8. 膝を高く上げ、手を前方に差し出したまま走る。
9. クロスステップ（前でクロスさせる／前後交互にクロスさせる）。

❷ボールを使ったトレーニング

　このトレーニングでは、ランニングスピードを、もう一方のグループの選手と合わせるようにする。その際に、お互いの距離はある程度離しておき、スピードはあらかじめ設定しておく。先頭の選手がもう一方のグループの選手を見ながら、一定のスピードを維持して走ることによって、後に続く選手がスムーズにトレーニングを行うことができる。

　ファスナートレーニングのなかで行う方向転換によって、自分の進む方向をすばやく選択したり、自分がいる位置を把握する能力を発達させることができる。また、一定のスピードを保ったまま走る訓練を行うことで、走るスピードを調節する能力を身につけることができる。

1. 走りながら、ボールを高く投げてキャッチ。
2. ボールを他の選手の持っているボールに当てる。
   ——右手で。
   ——左手で。
   ——交互に。

3. ハンドドリブル
　　——右手で。
　　——左手で。
　　——交互に（ステップをしながらボールに触る）。
4. 横向きのままで、足のインサイドでボールを運ぶ。
5. ドリブルしながら、2歩ステップを踏むごとに、
　　——両足でボールを挟む。
　　——足の裏でボールを転がす。
　　——ボールをまたぐ。

斜めに向かってのダッシュ

❶ボールなしでのトレーニング

　ここでも、縦に向かってのダッシュであげたように、さまざまな走り方でトレーニングを行う。
［例］後ろ向きに走る、ジャンプしながら走る、サイドステップ、スキップなど。

●すばやい方向転換

　ファスナーのグリッドの中を、自分の前にいる選手と一定の距離を保って走る。コーンのところでターンをしたら、すばやく身体を回転させ、再び前に進む。
　このように、走りながら自分の身体をすばやく回転させるトレーニングを行うことで、自分の位置を正確に把握する能力を養うことができる。ここでの課題は、

グリッドの中央ですばやく身体を回転させる

身体を回転させた後で、前にいる選手との距離をすぐに調整し、さらに、もう一方のグループの選手と走る速さを合わせて進むことである。

●パートナーと行うトレーニング

ファスナートレーニングは、2人1組で行うこともできる。まず、もう一方のグループの選手のなかから自分のパートナーを決めておく。このパートナーと行うトレーニングとしては、たとえばグリッドの中央で身体をぶつけ合ったり、手(両手、または片手)でタッチしたり、お互いのボールを交換する、などがあげられる。

ここでのトレーニングも、自分の位置を正確に把握し、動く速さをコントロールする能力を発達させるのに効果的である。

ジャンプし地面に着地したら、すばやく体勢を整えてリズミカルにランニングに移らなければならない(たとえば、反対側のグループのパートナーと、グリッドの中央でジャンプと同時に空中で身体をぶつけ合うなどの後で)。このトレーニングでは楽しみながらコーディネーション能力を養うことができる。

中央でジャンプして胸をぶつけ合う

●中央でのタッチ

もう一方のグループのパートナーと同時にスタートし、コーンをまわったら、中央で同時にジャンプして、両手(あるいは片手で)でタッチし合う。タッチした後はすぐに離れて、再び走り出す。

中央でもう一方のグループの選手とタッチし合う

❷ボールを使ったトレーニング

　ファスナートレーニングでドリブルをする際に、自分の前の選手と一定の距離を保つためには、視線をボールから離して、自分の前にいる選手やもう一方のグループのパートナーにも目を配り、そのスピードにうまく合わせなければならない。

1. グループAの選手が手でボールを運んで、反対側からくるグループBのパートナーにボールを渡す（グループAはボールあり、グループBはボールなし）。
2. 両方のグループの選手がボールをドリブルしながら進む（ドリブルを用いたファスナートレーニング）。

斜めにドリブルし、パートナーと中央で交差する

3. コーンをまわったらすぐに身体を一回転させ、再びドリブルで進む。
4. 足を使ってのボール渡し（グループAがボールを持ち、グループBが中央でボールを受け取る）。

パートナーのボールを中央で受け取る

●ボール渡し

　グループAの選手はドリブルで進み、グループBの選手は手でボールを持ってグリッドの中央まで進む。中央にきたら、お互いのボールを交換し、グループAの選手は手でボールを持って走り、グループBの選手はドリブルしながら走り抜ける。このトレーニングはかなりの集中力が要求されるが、繰り返し行うことで、つまずかずにスムーズに走ることができるようになる。

中央で交差しながらパートナーとボールの受け渡しをする

2 正方形の中でのダッシュ

楽しみながらトレーニングをすることで、選手のモチベーションはどんどん上がる。そのためにも、コーチはできるだけ多くの楽しいトレーニングを用意しておく必要がある。このドリルは、一辺15mの正方形の四隅からスタートする。2人、または4人の選手が四隅から同時に中心のコーンに向かって走り出し、課題を終えたら列の後ろに並ぶ。

●2人同時にスタート

4列に並び、次のようなドリルを行う。

■まっすぐ走る

まず、グループAとCの選手が中心に向かって同時にスタートし、2人が中心のコーンまできたら、グループBとDの選手も同じように中心のコーンに向かって走り出す。選手は向かい合っているグループの方へ走り、終わったら列の後ろに並ぶ。

■コーンで90度左方向にターンする

今度は中心にあるコーンまできたら、90度左方向へターンする。この、走りながら急に曲がるトレーニングによって、走りながらすばやく方向転換できる能力を身につけることができる。

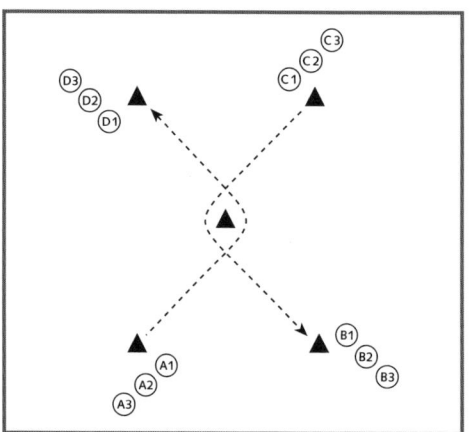

中央のコーンで左に90度ターンする

●4人同時にスタート

それぞれの先頭の選手が4人同時にスタートする。

■コーンで90度左方向にターンする

中央に置いてあるコーンに同時に着くように走り、コーンまできたら左へ90度ターンして再び走り抜ける。

■コーンで反転して元の列に戻る

4人の選手が同時にスタートし、中心のコーンでターンしたら、再び走ってきた方向に向かって走り出す。

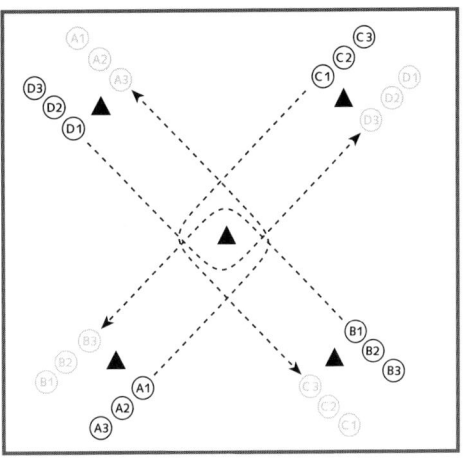

4人同時にスタートし、それぞれ中央のコーンで左に90度ターンする

3 パートナーとのダッシュ

2人1組で行うトレーニングは、ウォーミングアップでよく用いられる。また、ダッシュの動きと組み合わせることで、さまざまなトレーニングのバリエーションを考えることができる。

●ジグザグ走

ここでのトレーニング課題は、ランニングスピードを一定に保ちながら、パートナーとうまくスピードを合わせて走ることである。

中央のコーンでパートナーとタッチしたら、その後すぐに外側のコーンまでダッシュする

第1章 基礎的コーディネーショントレーニング

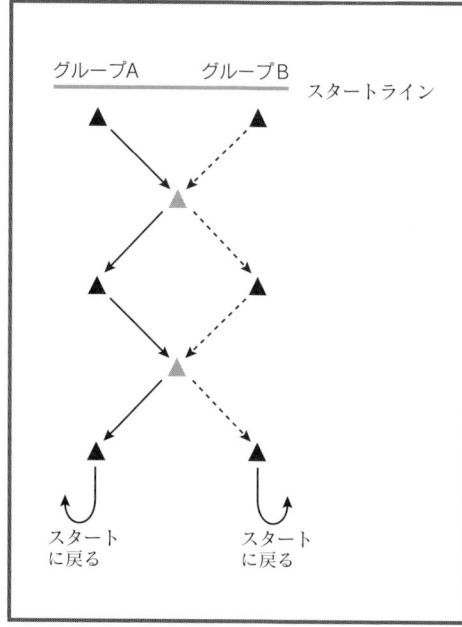

グループAとグループBに分かれ、パートナーとスピードを合わせながら、それぞれの矢印のようにダッシュし、中央の▲でお互いにタッチし合う。

●手を動かしながらのサイドステップ

コーンで設定した範囲の中を、お互いに向き合って平行にサイドステップしながら、スピードや身体の動きを合わせて、正確に腕を動かす。

［例］サイドステップをしながら、コーンまできたら両手でタッチする。

サイドステップで2人平行に移動しながら、コーンまできたら両手でタッチする

III ランニングとジャンプを組み合わせたコーディネーショントレーニング

　このトレーニングは、おもにスティック、コーン、フープを使って行う。また、ここでは、どの種目にも必要な基礎的コーディネーション能力を養うためのトレーニングを紹介する。

　スティックやコーンをうまく組み合わせていろいろなトレーニングを用意することで、選手はダッシュやジャンプのトレーニングをあきずに行うことができる。

1 スティックを使ったトレーニング

❶トレーニングのしかた

　基礎的なコーディネーション能力を養うために、スティックを使ったトレーニングを紹介する。人数に応じて1つから3つのグループに分け、できるだけ待ち時間をつくらないようにする。たとえば、1チーム（または学校のクラス）の人数が約30人なら3つのグループに分けて行う。

- ダッシュやジャンプの動きを入れたコーディネーショントレーニングを行う。
- 回数を重ねるにしたがい、トレーニングの感覚をつかみながら、徐々にモチベーションを高めていく。
- コーチは、わきでトレーニングをよく観察し、課題を伝えたり（場合によっては実際にコーチがお手本を見せる）、欠点を修正したりする。

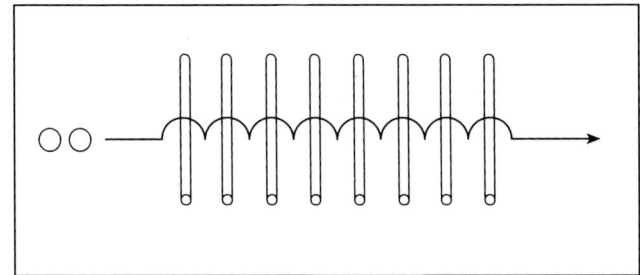

　7〜8本のスティックを、約50〜60cmの間隔で地面に並べる（さまざまな大きさのコーンでも代用できる）。

- 選手の歩幅や課題に応じて、スティックの間隔を変える。
- いつも決まった方の脚からはじめるのではなく、どちらの脚からでもスタートできるようにする。
- スティックやコーンの高さ……8歳くらいまでの子どもには、スティックを地面に並べて行うトレーニングを、できるだけ早い時期からさせるとよい。発達が早い子どもや年齢が上の選手には、高さの高いコーンやスティックを用いる。
- 動きのスピード……動きが正確になってきたら、さらにスピードを上げる。
- 課題の設定について……課題の内容を複雑にしたり、次々に内容を変えることで、難度を上げることができる。
- 選手を妨害する……何人かの選手で、腕を動かしたり声をかけたりしながら、スティックの列を進んでいる選手を妨害する。

  ■走り方の例

1. 前向きで、
　　──スティックの間を1歩ずつ進む。
　　──スティックの間を2歩ずつ進む。
2. 横向きで、
　　──スティックの間を1歩ずつ進む。
　　──スティックの間を2歩ずつ進む。
3. 後ろ向きで、
　　──スティックの間を1歩ずつ進む。
　　──スティックの間を2歩ずつ進む。
4. スキップ走
5. 横向きに、
　　──脚を身体の前でクロスさせながら進む。
　　──脚を身体の前と後ろで交互にクロスさせながら進む。

走り方のバリエーション

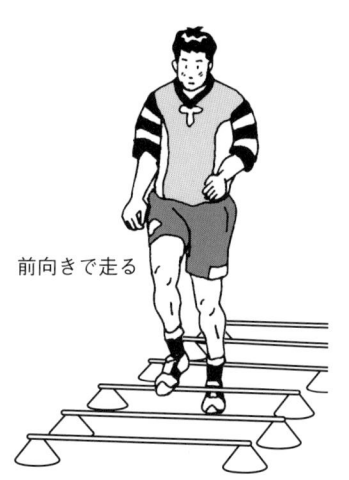

前向きで走る
横向きで走る
後ろ向きで走る

腕の動きを加えた応用トレーニング

腕の動きを加えることによって、バランスがとりにくくなり、その結果、走るリズムを保つことが難しくなる。

腕の動きを加えたトレーニングとしては、次のようなものがある。

ドリル
1. 腕を水平に横に伸ばす。
2. 腕を上に伸ばす。
3. 腕を水平に前方へ伸ばす。
4. 腕を水平に後方へ伸ばす。
5. 腕をボクサーがパンチを出すように動かす。

Sparkasse
Spark

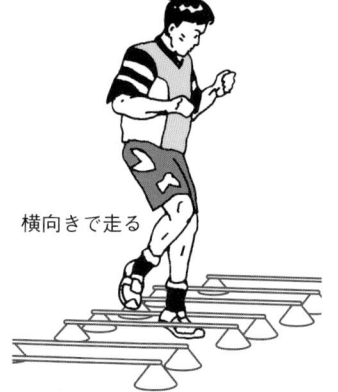

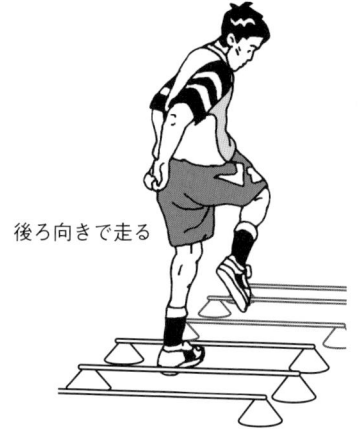

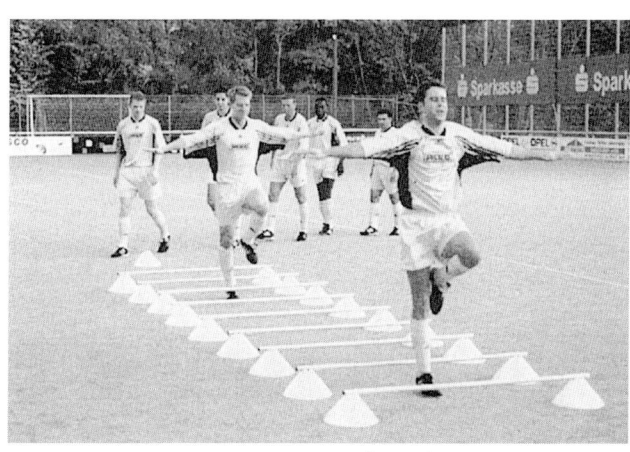

両腕を横に広げたまま、片脚でジャンプしながら進む

❷さまざまなステップ、ジャンプを取り入れる

●横向きでスキップ

地面に2回ずつ（もしくはそれ以上）足を着け、地面に着いてない方の脚の膝を上に持ち上げながら、横向きでステップを行う。このドリルでは、いつも決まった方の脚からはじめるのではなく、どちらの脚からでもスタートできるようにする。

ポイント

選手は、右脚、左脚を交互に交代させながらスキップする。また、途中で進行方向を変えたり、身体を回転させたりして、動きに変化をつける。

(1) 左脚からはじめる。
(2) 右脚からはじめる。
(3) 途中で進み方を変える。
　　——3歩進んで1歩さがる。
　　——2歩進んで1歩さがる。

横向きで、スティックの間を2歩ずつで進む

●後ろ向きでステップ

実際のサッカーのゲームでは、選手は後ろ向きで走りながら、周囲の状況を確認しなければならないこともよくある。したがって、このトレーニングでは、スティックに触れないように、またできるだけ視線を肩よりも下げないように注意しながら、後ろ向きで走れるようにする。

III ランニングとジャンプを組み合わせたコーディネーショントレーニング

後ろ向きで、スティックの間を2歩ずつで進む

●スラローム

スティックを用いたトレーニングは、次のように行うこともできる。ここではスラローム走を、細かくすばやいサイドステップで行う。

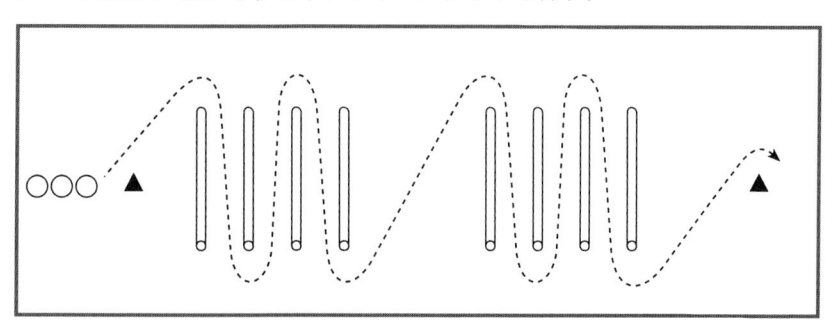

●クロスステップ

クロスステップを行う際に、進行方向に脚をクロスさせたり（身体の前だけでクロス）、身体の後ろだけでクロスさせたり、または前後交互にクロスさせる。

バリエーション

さまざまな腕の動きを加えることで、トレーニングの難度を上げる。

身体の前で脚をクロスさせながら進む

腕を横に伸ばしたままクロスステップで進む

腕を上に伸ばしたままクロスステップで進む

●両脚ジャンプ

　ここでは、両脚の膝を胸につけるようにジャンプしながら進む。その際、リラックスした状態でジャンプを行うこと。

ドリル

1. 前向きにジャンプしながら進む。スティック間で、
   —— 1回ずつジャンプする。
   —— 2回ずつジャンプする。
2. 後ろ向きでジャンプしながら進む。スティック間で、
   —— 1回ずつジャンプする。
   —— 2回ずつジャンプする。
3. 横向きにジャンプしながら進む。スティック間で、
   —— 1回ずつジャンプする。
   —— 2回ずつジャンプする。
4. 横向きでジャンプしながら進む——両脚でスティックを跳び越えながら、スティック

両脚ジャンプで進む

III ランニングとジャンプを組み合わせたコーディネーショントレーニング

両脚ジャンプのバリエーション

前向きにジャンプ

後ろ向きにジャンプ

横向きにジャンプ

横向きにジャンプし両脚の間にスティックをはさむ

間で1回ずつジャンプして進む。
5. 途中で進み方を変える──3歩前進して、1歩さがる。
6. 前方へのジャンプ走。
　　──腕を横に伸ばした状態で進む。
　　──腕を前に伸ばした状態で進む。
　　──腕を上に伸ばした状態で進む。

●片脚でのジャンプ

　片脚でのジャンプは、足首と膝の関節に大きな負荷がかかるので、右脚と左脚で交互に行う。ここでは決して片脚だけで連続して行わないように注意する。

片脚でジャンプしながら進む

●片脚、両脚交互にジャンプ

片脚と両脚交互にジャンプで進んでいくのは、リズムをとるのが非常に難しい。ここではそれぞれのスティックを以下のようにジャンプして進む。

ドリル
1. 左脚→両脚→右脚→両脚
2. 左脚→左脚→両脚→右脚→右脚→両脚

右脚でジャンプ　→　両脚でジャンプ　→　左脚でジャンプ

●ホップランニングで進む

ホップランニングが苦手なサッカー選手は少なくない。ここでは、スティックを、ステップの幅と同じくらいの間隔で並べることで、ランニングのリズムを一定に合わせる訓練を行う。

ランニングのリズムがうまくとれていたら、さらに腕の力を最大限に使っているかどうかに注目する。

腕を力強く振り上げながら、ホップランニングで進む

●パートナーとのトレーニング

　このトレーニングも、パートナーと2人組で行うことができる。まず、どちらか一方の選手がスタートの合図を出す。2人で同時にスタートして、スピードを合わせながら、同じ動き（例：ダッシュやジャンプ）でスティックの列を進む。

ドリル

1. まっすぐに走り抜ける。
　　――サイドステップで。
　　――クロスステップで。
2. ジャンプしながら走り抜ける――横向きになって、両脚でジャンプしながら。
3. 軽いステップを交えての方向転換――パートナーどうしが同じタイミングで走れるように、ステップの方法をあらかじめ決めておく。一方の選手が進み方を変えたら、もう一方の選手はそれにすばやく反応して、同じように進路変更をする。
4. 最後のスティックを跳び越えた後で、続けて以下のような課題を設定する。
　　――すぐにダッシュする。
　　――コーチや選手の合図（手や声など）に合わせてすぐにダッシュする。
　　――1回転してからダッシュする。
　　――ゴールに向かってシュートをする。

バリエーション

　一方の選手が、スティックの途中で方向を変えるかどうかを決め、もう一方の選手がそれに合わせて同じ動きをするというリアクショントレーニングを行う。このとき、前後のペアとの間隔は十分にとること。

パートナーと動きを合わせながら進む

❸スティック（ミニハードル）の並べ方について

　このトレーニングは、いつも同じ方法で行うのではなく、いろいろな状況を設定して、選手に刺激を与えるようにしなければならない。そのためにはスティックの間隔や配置をつねに変えて、内容に工夫をこらさなければならない。

●スティックの間隔に変化をつける

　最初の列では、スティックの間隔を40cmほどにする。2列目または3列目のスティックでは、その間隔を50〜60cmにする。このように、スティックの間隔を変えることによって、選手はつねに歩幅を変えながら進まなければならなくなる。

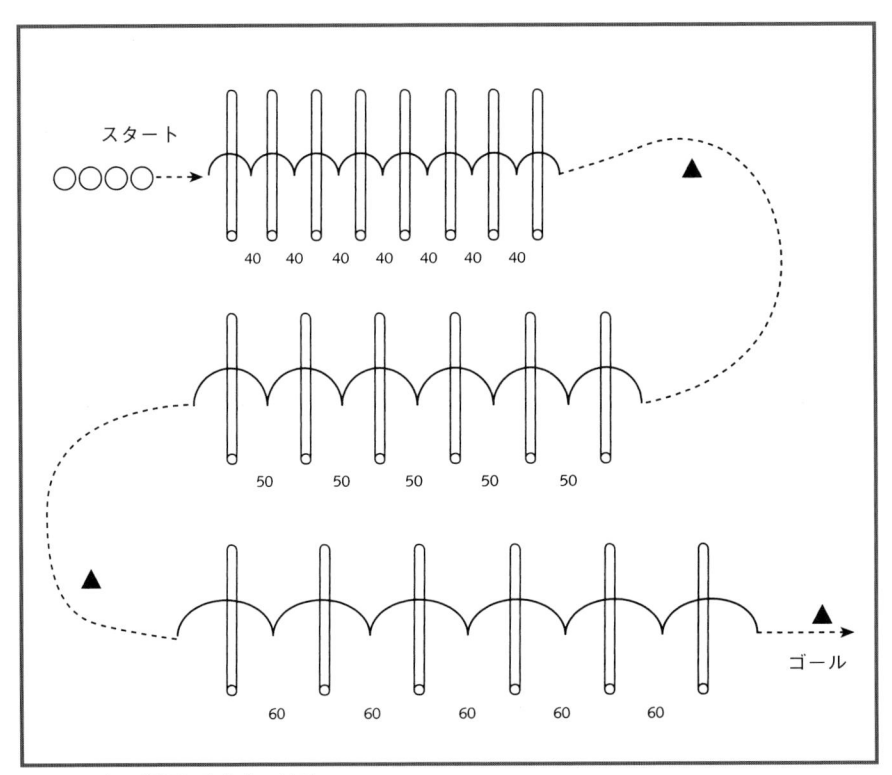

スティックの間隔に変化をつける

●スティックの間隔を徐々に広げる

　1本目と2本目のスティックの間隔を40cmに設定し、スティックが進むごとに、間隔を5cmずつ増やしていく。

```
                    40   45    50    55    60
```

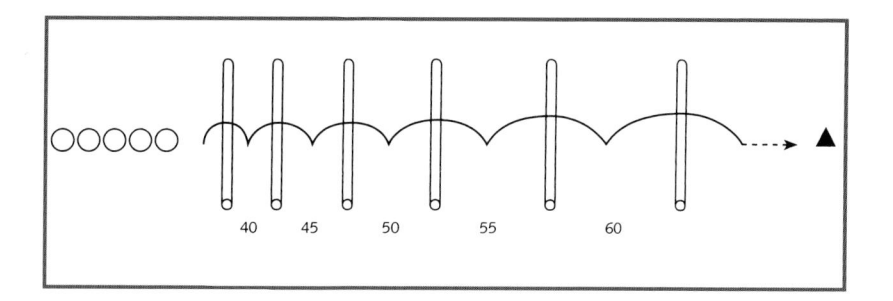

●スティックの間隔を広げる

　このトレーニングでは、スティックごとの間隔をできるだけ広くする。そうすることで、選手はステップの歩幅をうまく調節して進まなければならなくなる。また、たとえば、①スティックの間隔に応じてステップ数を制限する、②等間隔に設置したスティックをそれぞれ異なる歩数で進む、というような課題を設定してもよい。その結果、選手は歩幅を自在に変えることができるようになる。その他にも、スティックごとのステップ数を、偶数—奇数—偶数—奇数と設定すれば、ジャンプする際の踏切足を交互に変えることができる。

ドリル ■ステップの例

◇バージョン１：ジャンプの際につねに同じ足で踏み切る。

　右脚でジャンプ→ステップ（左脚）—ステップ（右脚）—ステップ（左脚）—右脚でジャンプ→ステップ（左脚）—ステップ（右脚）—ステップ（左脚）—右脚でジャンプ、など。

◇バージョン２：ジャンプごとに踏切足を変える。

　右脚でジャンプ→ステップ（左脚）—ステップ（右脚）—左脚でジャンプ→ステップ（右脚）—ステップ（左脚）—右脚でジャンプ→ステップ（左脚）—ステップ（右脚）—左脚でジャンプ、など。

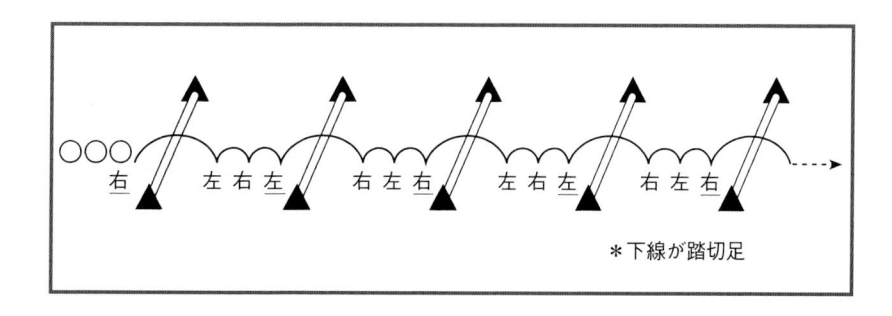

```
    右    左 右 左    右 左 右    左 右 左    右 左 右
                                    ＊下線が踏切足
```

●高いスティックと低いスティックを交互に並べる

高めに設定したスティック（25〜30cm）と、低めに設定したスティック（10〜20cm）を一定の間隔で交互に並べる。

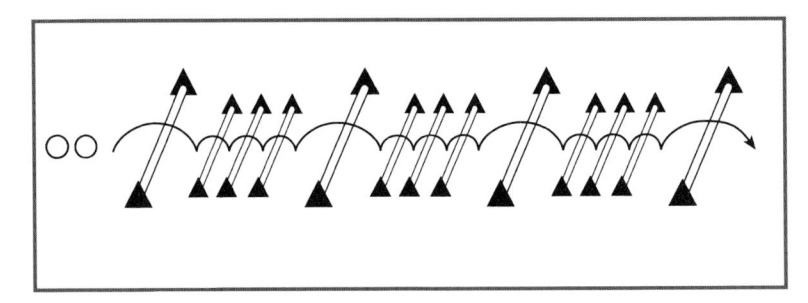

❹スティックとスティックの間にスペースをつくる

スティックとスティックの間に5〜7mのスペースをつくり、そのスペースでさまざまな動きを行わせる。

［例］スティックとスティックの間のスペースでターンしたりジャンプしたりする、など。

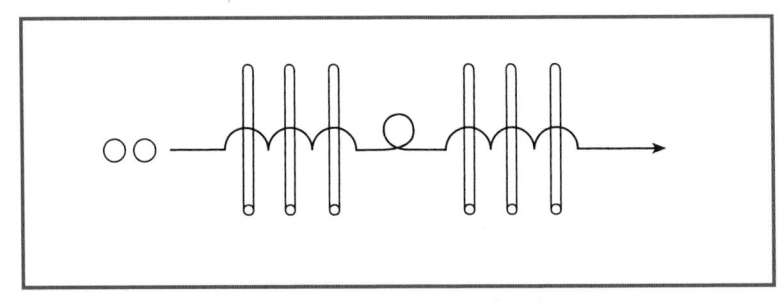

スティックとスティックの間に5〜7mのスペースをつくる

◆スティック間のスペースでの補足ドリル
●中央のスペースで身体をターンさせる

スティックとスティックの間のスペースで身体をターンさせる。また、ターン方向をそのつど、右回り、左回りと変える。

ドリル
1. 360度ターンして、再び前向きで進む。
2. 180度ターンして、後ろ向きで進む。

Ⅲ　ランニングとジャンプを組み合わせたコーディネーショントレーニング　　　　　**41**

スティックとスティックの列の間のスペースで360度身体をターンさせる

●中央のスペースでコーンに向かってダッシュ

　最初のスティックの列をクリアしたら、すぐに身体をターンさせ、外側のコーンに向かい、コーンにタッチしたら、サイドステップで中央に戻って、次のスティックの列へと向かう。

中央のスペースでコーンにタッチする

ドリル　1．コーチの合図（言葉やさまざまなジェスチャー）に合わせて、左右どちらかのコーンへ向かって走る。

――右手を上げたら右のコーンへ。
　　――左手を上げたら左のコーンへ。
2. 身体をすばやく270度ターンさせ、すぐにコーンへ向かう。

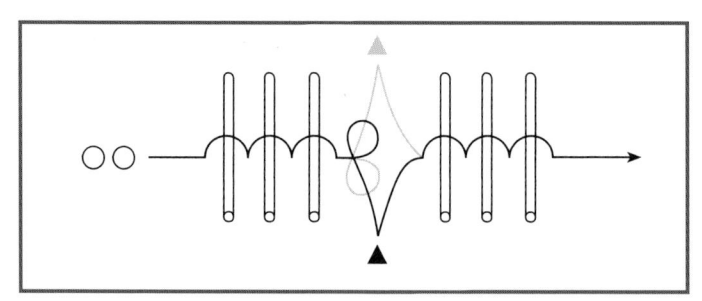

身体をすばやく270度ターンさせ、すぐにコーンへ向かう

●スティック間のスペースをジグザグに走る

　スティックの上をすばやいステップで越えていくトレーニングを繰り返し行うことで、サッカーの動きのなかでとくに必要とされる、ジグザグに走る動作を向上させることができる。足または手でコーンにタッチしたり、走る向きを前向きにしたり後ろ向きにしたりするなど変化をつけることもできる。

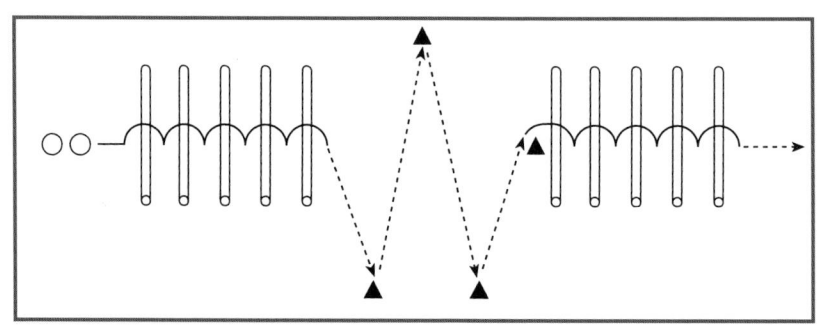

スティックの間のスペースをジグザグに走る

❺スティックを使ったその他のトレーニング
◆スティックを横方向と縦方向に組み合わせて並べる

　スティックを縦方向と横方向に組み合わせて並べることによって、さまざまなトレーニング課題を設定できる。まずはじめに、2～5本のスティックを約50～60cm離して、地面に横向きに並べる。続いて、中央に2～3本のスティックを縦向きにして並べ、最後に2～5本のスティックを横向きに並べる。

Ⅲ　ランニングとジャンプを組み合わせたコーディネーショントレーニング

●中央に２本のスティックを縦に並べる

　最初の２本のスティックを跳び越えたら、続いて縦に並べた２本のスティックの上を進む。

■ダッシュ、ジャンプのトレーニング

1. すばやいジグザグ走。
2. 前向きで、ジグザグにジャンプしながら進む。
3. サイドステップで進む。
4. ダッシュ（スティックを跳び越えながら）。
5. すばやいステップを踏みながら進む（スティックを跳び越えながら）。

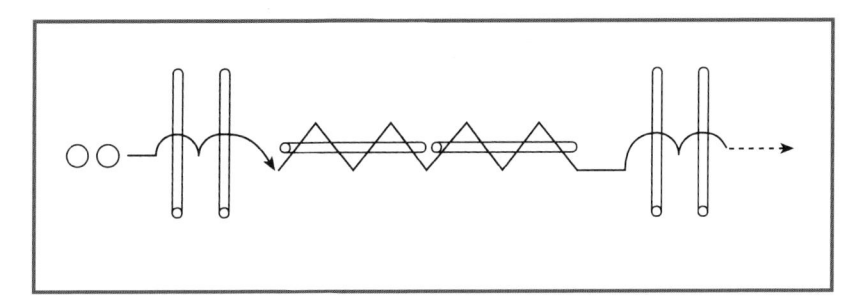

進み方の例

ジグザグにジャンプしながら進む

サイドステップで進む

●中央にスティックを２本ずつ並べる

　図のように、中央にスティックを２本ずつ縦に並べることで、さらに課題のバリエーションを増やすことができる。

ドリル ■ダッシュ、ジャンプの方法
1. 前向きですばやくジグザグに走る。
2. 前向きですばやくジグザグにジャンプして進む。

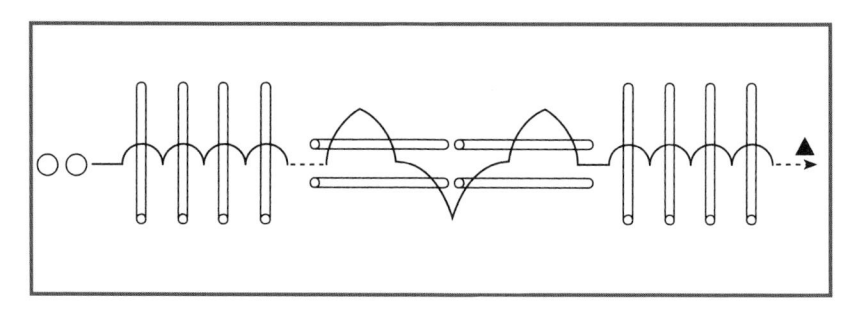

◆その他のスティックの設置方法

　図のように、スティックを横向きと縦向きに並べる。進み方としては、たとえば最初の選手が1列目のスティックをクリアして、左側のスティックへと向かったら、次の選手は右のスティックへと向かう。さらに、両脚または片脚でのすばやいジャンプ、横向きでのスキップなどを組み合わせる。

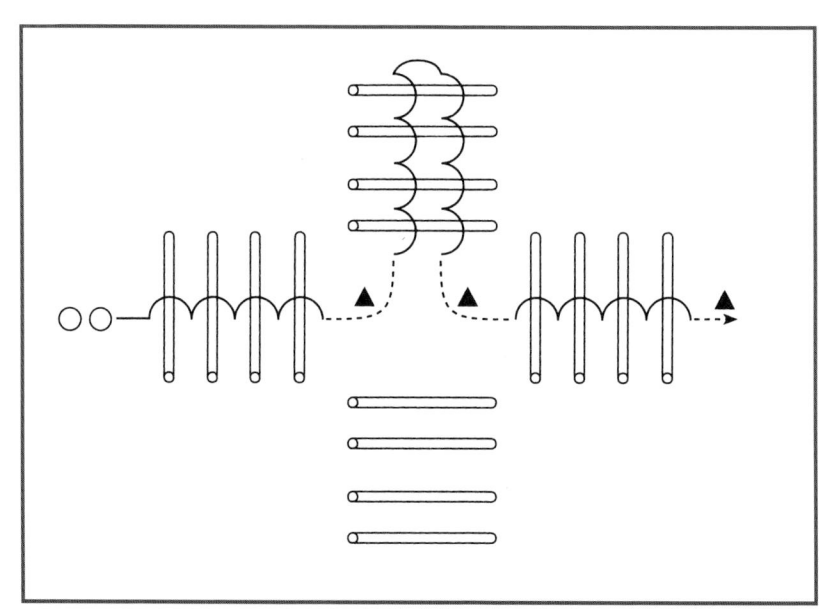

◆妨害を受けながらスティック、コーンの上を跳び越えていく

　スティックの周りで、腕を動かしたり声をかけたりして、選手を妨害する。こ

Ⅲ　ランニングとジャンプを組み合わせたコーディネーショントレーニング

スティックの周りから妨害する

のトレーニングも、基礎的コーディネーション能力を養うことができるが、同時に高い集中力が要求される。

❻スティックを使って1人で行うトレーニング

　ここでは、1本、または何本かのスティックを縦または横に並べて、1人の選手がさまざまな方法で跳び越える。

※十分な数のスティックがないときは、代わりにコーンを並べて行う。

●スティックを縦に並べる

　まず方向感覚を養うためのトレーニングで用いるサイドステップとタップステップの動き方について説明しておこう。

◇サイドステップ：地面に触れている方の脚に体重を移動させながら、横向きでステップする。足の裏はできるだけ長く地面に接地するように注意する。

◇タップステップ：地面に触れている方の脚に体重をかけないように横向きでステップする。足の裏の地面との接地時間をできるだけ短くする。

　スティックの高さを調節することで、難度を変えることができる。

■ステップ、ジャンプの方法
1. スキー選手のようなウェーデルンジャンプ。
2. タップステップかサイドステップで、スティックの上を越える。
3. ジャンプしたときに空中で脚を交差させる。

着地したときにスティックの上で
脚をクロスさせる

ジャンプしている間に脚をクロス
させる

●2本のスティックを平行に並べる

　2本のスティックを平行に並べることで、さまざまなトレーニングを行うことができる。選手はスティックの外側からスタートし、いろいろな動きでスティックの間を移動する（たとえば、サイドステップで）。スティックの高さや間隔も、動きの内容や難度に応じて変えていく。

2本のスティックの上をサイドステップで移動する

●タップステップを使ったサイドステップ

　ストップ動作とステップを組み合わせたトレーニングは、サッカー選手にとっ

Ⅲ ランニングとジャンプを組み合わせたコーディネーショントレーニング

て非常に重要である。こうしたトレーニングを行うことによって、選手は横向きにすばやく動いたり、急に方向を変えることができるようになる。これらの動きは、とくにフェイントを行う際に要求される。

　選手は縦に並べた2本のスティックの上をサイドステップで移動する。終わりまできたらすぐにタップステップでスティックに戻る。

■脚の動かし方の例

1. 横向きで左に向かってスタート（開始）。
2. スティックを跳び越えたら左脚で着地し、すぐに右脚で地面を蹴ってスティックの外に出る（スティック間はサイドステップで）。
3. スティックの外に左脚を着いたらタップステップで方向を変え（つまり、立ち脚に体重を乗せないように方向を変える）、再びスティックに向かう。
   ※このときに、スティックの外に出て、再びスティックに向かう動作はできるだけスムーズに行う。

タップステップ（外側の脚に体重を乗せない）でターンする

バリエーション

(1) スティック間はサイドステップで移動し、スティックの外からスティックへ戻るときだけタップステップを行う。
(2) 両膝を胸につけるように、横向きにジャンプして移動する（スティック間で1回ずつジャンプ、または2回ずつジャンプ）。
(3) 片脚で横向きにジャンプして移動する（スティック間で1回ずつジャンプ、または2回ずつジャンプ）。
   ※片脚でのジャンプは、足首にかなりの負担がかかるので、やりすぎないように注意する。
(4) サイドステップとジャンプを交互に行う。

(5) ステップのしかた：左脚、右脚—左脚、タップステップ→スティックに戻る→右脚、左脚—右脚、タップステップ、続いて2本のスティック間でジャンプ（両膝を胸につけるように）し、また同じようにサイドステップをしながらスティックの間を往復する。

(6) その他にも、腕の動きを変えることで、トレーニングのバリエーションを広げることができる。たとえば、腕を水平に横に伸ばしたり、前に伸ばしたり、または上に伸ばしたままサイドステップを行う。

●3本のスティックを使ったトレーニング

3本のスティックを使って、さまざまなトレーニングを行うことができる。それぞれのスティックで、2〜3人の選手が交代でトレーニングを行う。このトレーニングでは、1セットごとに十分な休憩をとる。そうすることで、選手はお互いに欠点を修正し合ったり、モチベーションを高め合うことができる。慣れてきたら、少しずつステップのスピードを上げていく。ここでは、スピードよりも動きの正確性を重視する。

◇トレーニング課題

スティックの上をサイドステップで跳び越える。その際に、スティックとスティックの間で2回ステップを踏む。スティックの終わりまできたら、タップステップを行い、再びスティックに向かう。また、選手はスティックから遠い方の脚からスタートする。たとえば、右端のスティックから左に向かってスタートするときは、右脚からはじめる。逆も同様に、左端のスティックからスタートするときは、左脚からはじめる。

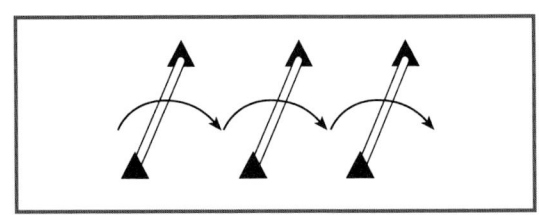

スティックをサイドステップで跳び越える

■バリエーション

このトレーニングは、次のように行うこともできる。
(1) クロスステップでスティック間を移動する。
(2) ジャンプで跳び越える。
(3) 最初の課題とは逆に、スティックに近い方の脚からスタートする。
——右端のスティックから左に向かってスタートするときは、左脚からはじめる。

――左端のスティックからスタートするときは、右脚からはじめる。

■トレーニング例

　右端のスティックから左に向かってスタートする。クロスステップで最初のスティックを越え、それぞれのスティック間ではステップを2回ずつ踏み、再びクロスステップでスティックを越える。左端のスティックを越えたら、すぐにタップステップを行い、再びクロスステップで戻る、という動きを繰り返す。

◆ポイント

　クロスステップを行う際には、スティックをまたいだ方の脚を、地面にしっかりと着くこと。そうすることで、次のステップにスムーズに移行することができる。終わりのスティックを越えて再びスティックに戻る際に、すばやいタップステップで方向転換することも重要である。

●3本以上のスティックを使ったトレーニング

　スティックの数を、3本から4本、5本と増やしていくことも可能である。このように、スティックの数を増やすことで、さまざまな動きのトレーニングをすることができる。

［例］スティック間をサイドステップで移動する。スティックの途中で進む向きを変えるときは、タップステップを行う。スティックの終わりまできたら、180度身体を回転させて向きを変え、再びスティック間を移動する。

●1本のスティックを使って行うトレーニング

　写真のように、少し長めのスティックを用いて前後に動く。その際に、たとえ

前後にジャンプする　　　　　ステップとジャンプの動きを交互に行う

ば次のような方法で行う。

■ステップ、ジャンプの方法
1. 前後にジャンプする。
2. ステップとジャンプを交互に行う。
3. 2回ずつステップしながら、できるだけすばやく前後に移動する。

2 フープを使ったトレーニング

❶トレーニングのしかた

　フープは、直径50〜70cmぐらいのものを使い、ランニングやジャンプなどの動きを組み合わせて、コーディネーション能力を発達させるための要素を十分に含んだ課題を工夫する。

■ステップ、ジャンプの方法
1. それぞれのフープで1回ずつジャンプ。
2. それぞれのフープで2回ずつジャンプ。
3. 進み方を変えながら前に進む（例：3歩前進して1歩さがる）。
4. 片脚、両脚でジャンプしながらフープを進んでいく。

それぞれのフープを2歩ずつで進む　　　両脚でジャンプしながら進む

バリエーション

■腕の動かし方
　次のような腕の動きを加えることもできる。
1. 両腕を体側につけたまま進む。

2. 両腕を横に広げたまま進む。
3. 両腕を上にまっすぐ伸ばしたまま進む。
4. 両腕を伸ばしたり縮めたり、パチンと手をたたいたりしながら進む。
5. ボクシングのように、両腕で交互にパンチをしながら進む。
6. 体側につけた腕を、水平になるように交互に上げながら進む。
7. 腕を操り人形のように動かす（同様に、逆さ操り人形のように動かす）。
   ※操り人形の動き方の例は、P.62の「腕と脚のコーディネーション」参照。
8. 腕を交互に動かす――操り人形の動きのように、脚を開いたり閉じたりする動きと、腕の動き（右手と左手を逆に動かす。たとえば、一方を上に上げているときは、もう一方を下に下げる）を組み合わせて進む。

操り人形の動き――脚の開閉の動きに合わせて、左右の腕を交互に上下に動かす

● ポイント

最初は脚の動きに意識を向け、次に腕の動きに集中する。最終的に、脚と腕の動きをうまく連動させながら、リズミカルに進むようにする。

❷フープを使ったその他のトレーニング
●ベーシックなフープの並べ方

フープを1-2-1-2-1-2-1に並べる（1個または2個のフープを交互に並べる）。これは最もベーシックな並べ方で、両脚を開いたり閉じたりしながら前に進む。

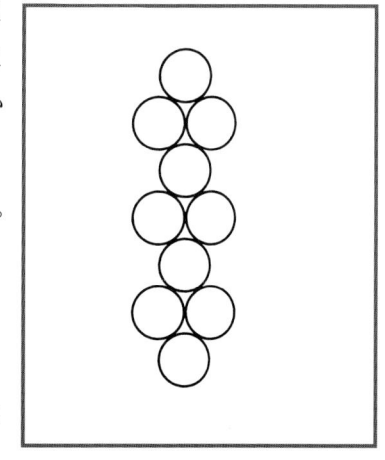

ドリル
1. 脚の開閉を行いながらジャンプで進む。
2. ダッシュ
   ――それぞれのフープを1歩ずつで進む。
   ――それぞれのフープで2回ずつステップしながら進む。
3. 両脚で勢いよくジャンプし、2歩前進したら1歩後ろへさがる。

脚の開閉を行いながらジャンプで進む

● **クロスフープ**

図のようにフープを並べ、前向きで進む列と横向きで進む列とに分かれる。

■**ステップの方法**

それぞれのフープごとに２回ずつステップしながら前向きで進む→（列を移動する）→横向きで左、または右方向へサイドステップで進む→（再び最初の列へ移動する）→それぞれのフープごとに、両脚で勢いよく２回ずつジャンプしながら前向きで進む。

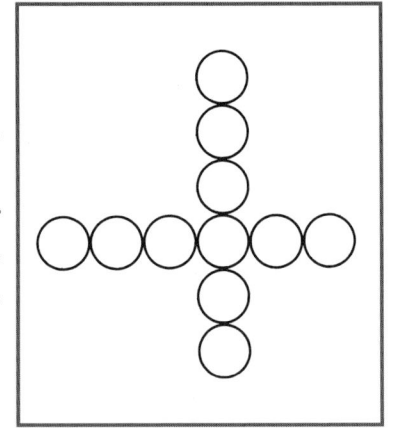

● **２組のフープの間のスペースで課題を行う**

ここでのフープトレーニングは、連続して並んだフープとフープの間にスペースをあけ、選手はそこでさまざまな課題を行う。トレーニング課題については、P.40「スティックとスティックの間にスペースをつくる」参照。

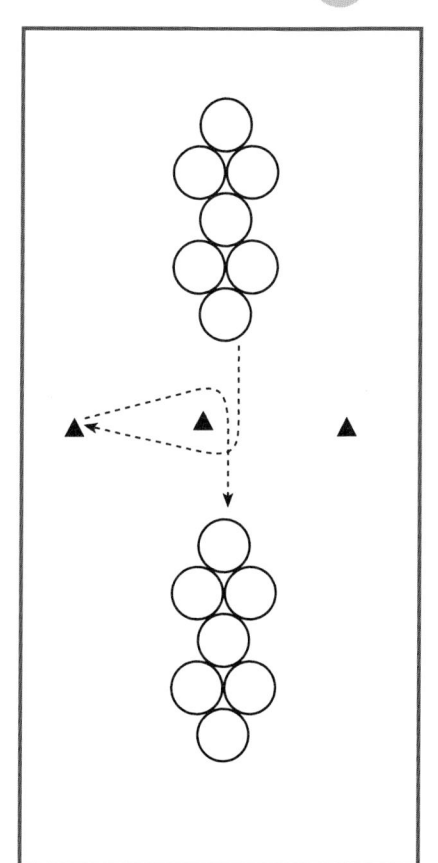

Ⅲ ランニングとジャンプを組み合わせたコーディネーショントレーニング

1組目のフープを、小刻みに2回ずつステップしながら進む。中央のスペースにきたら、真ん中のコーンで90度ターンし、外側のコーンにタッチする。真ん中のコーンに戻り90度ターンしたら、2組目のフープを、脚を開いたり閉じたりしながら、ジャンプで進む。

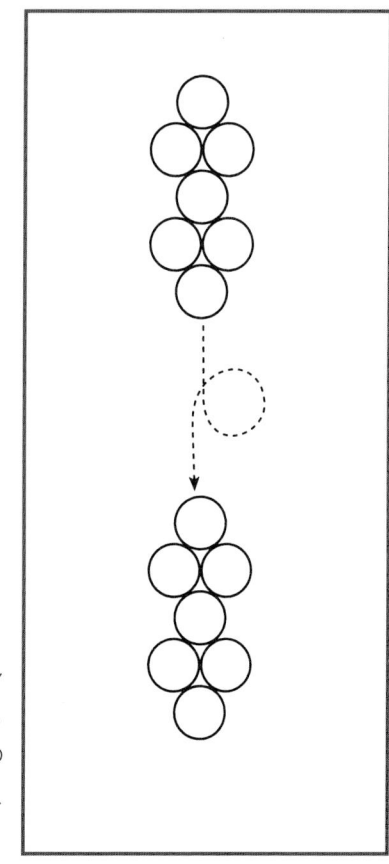

1組目のフープを、脚を開いたり閉じたりしながらジャンプで進む。次に、中央のスペースで身体を回転させる。2組目のフープでは、フープごとに小刻みに2回ずつステップを踏みながら進む。

●連続フープ

フープを1列に並べて行うトレーニングでは、次のような動きを行うことができる。

ドリル 左脚を外に出す→フープに戻る→右脚を外に出す→次のフープに進む、という動きを繰り返しながら進む。このときに、フープの外へ出て、再びフープに戻る際には、タップステップ（外側の脚に体重を乗せない）で戻る。

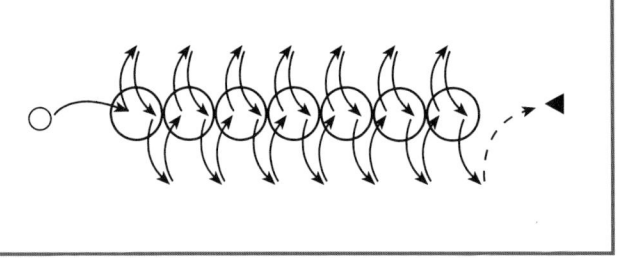

脚を身体の前後でクロスさせながら、フープの上を進む

●フープとフープの間の間隔をあける

フープとフープを離して1列に並べる。図の矢印のように脚を動かし、フープ間をすばやいステップで移動する。

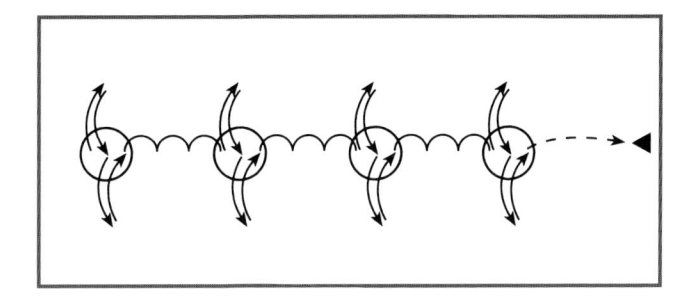

●フープをサークル状に並べる

ここでのトレーニングは、図のようにサークル状に並べたフープで、脚と腕をすばやく動かす。中央に置いたフープの周りにフープを6つ並べる。

選手は、中央のフープからスタートし、図に矢印で示したように、中央のフープと外側の6個のフープの間を往復する。その際に、外側のフープに対して横向き、前向き、または後ろ向きでドリル（ステップ、またはジャンプなど）を行う。

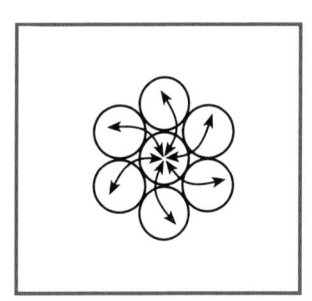

ドリル
1. 両膝を胸につけるようにジャンプする。
2. 片脚の膝を胸につけるようにジャンプする。
3. フープごとにすばやく2回ずつステップを踏む。
4. クロスステップで移動する。

●フープを斜めに並べる

図のように、3～5個のフープを1組として、それぞれ違った方向に並べる。ジャンプ（膝を胸に引きつけるように）やスキップ、またはすばやいステップなどで、これらのフープをクリアしていく。

1列あたりのフープの数を増やしたり、何歩か前に進んだら後ろにさがる（たとえば、3歩前に進んで1歩さがる）というように、トレーニングを変化させる。

斜めに並べたフープの列をできるだけすばやく移動する

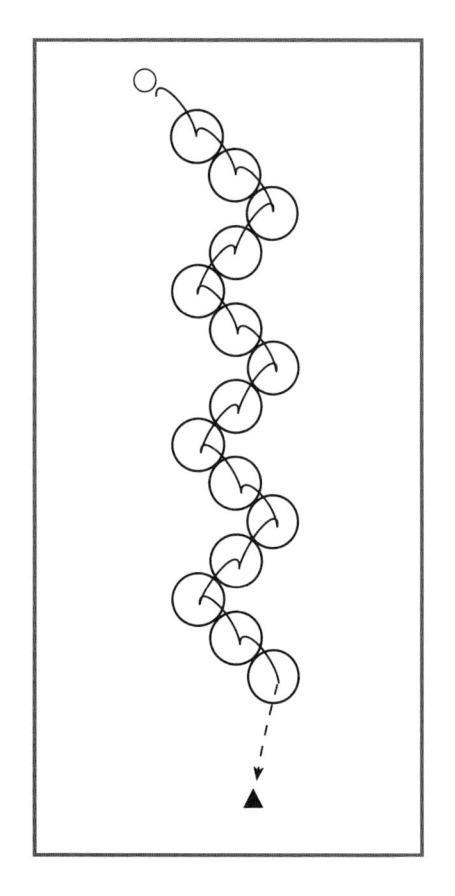

3 スティックとフープのコンビネーション

　スティックやハードル、それからフープを組み合わせることで、さらに変化に富んだトレーニングを行うことができる。たとえば、スティックの上を進んだら、次にフープの上を「操り人形」の動きで進む、といった具合である。ここでは、多様な動きを行うなかで、自分の身体をうまくコントロールできるようにする。

●スティック→フープ→スティック

　スティックとフープ、それぞれの列において、すばやいリズムで行うように意識する。このスティックとフープを用いたトレーニングの課題は、P.29の「スティックを使ったトレーニング」や、P.50の「フープを使ったトレーニング」で紹介したものを参考にしていただきたい。

III　ランニングとジャンプを組み合わせたコーディネーショントレーニング

フープとスティックを組み合わせることで、多様な動きのトレーニングができるようになる

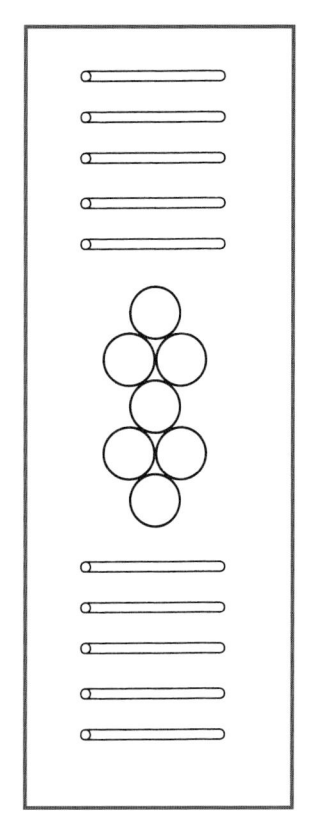

● フープ→スティック→フープ

　フープの上をジャンプしながら進む。また、フープとフープの間のスティックの上をできるだけ速く通過する。

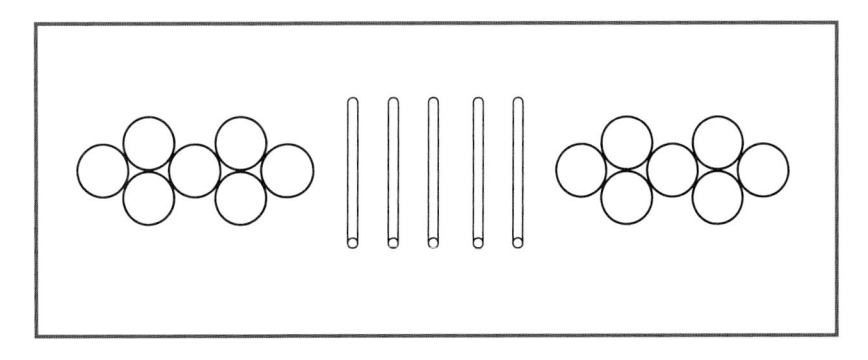

●フープとスティックを交互に並べる

　図のように、スティックとフープを交互に並べて行うトレーニングでは、それぞれの列ごとに動き方を変えなければならない。したがって、ジャンプやステップをしながら、脚や腕の動きをスムーズに変えることが要求される。

フープとスティックの上を両脚を揃えたままジャンプで進む

●ジャンプとジグザグステップの組み合わせ

　交互に設置したスティックとフープの上を、ジャンプとステップの動きを組み合わせて進む。スティックを跳び越えたら、すばやくフープに向かってステップする。フープの列では、すばやいジグザグステップを行う。

Ⅲ　ランニングとジャンプを組み合わせたコーディネーショントレーニング

フープの上をジグザグステップで進み、スティックの上をジャンプで進む

●スティックとスティックの間のフープの数を増やして行うトレーニング

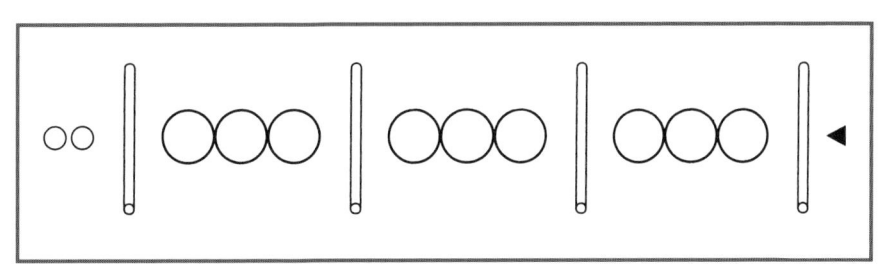

スティックとスティックの間に3つのフープを並べる

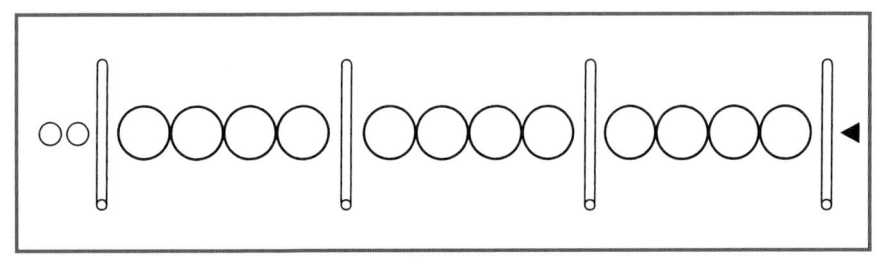

スティックとスティックの間に4つのフープを並べる

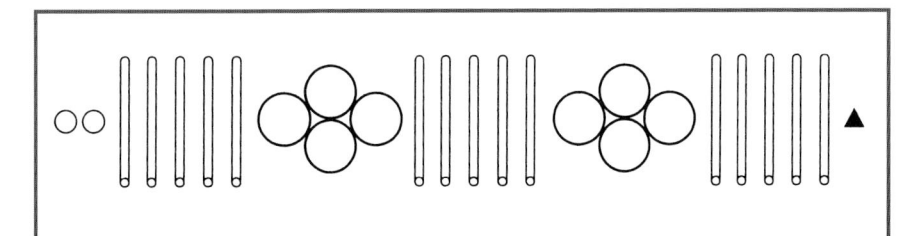

スティックとスティックの間にフープを1-2-1の形に並べる

●スティックとスティックの間のフープの数を徐々に増やしていく

スティックとスティックの間のフープの数を、進むにつれて増やしていく。その際にステップの方法を次々に変える。

※この図では、フープの数を２個→３個→４個というように増やしている。

◆フープ→スティック→ダッシュ：トライアングル状に配置

スペースを広く使い、フープとスティックの並べ方を工夫していろいろな課題を設定する（さらにフープとスティックの列を増やして、配列を正方形にしたり、五角形にしたりすることもできる）。

●操り人形とサイドステップ

選手は最初にフープの列に並ぶ。まずはフープの列を「操り人形」の動きですばやく進んだら、その先に置いてあるコーンですばやく方向を変え、次のスティックの列をサイドステップで進む。終わったら、すぐにスタート地点までダッシュで戻る。

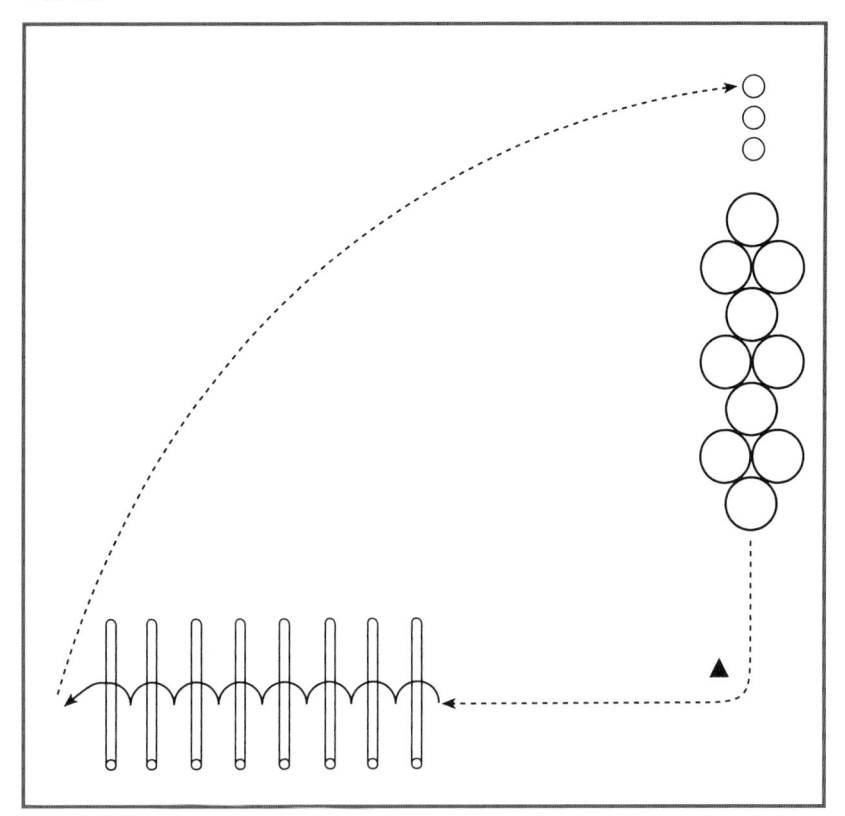

フープの上を操り人形の動きで進み、スティックの上をサイドステップで進む

IV 腕と脚のコーディネーション

　基礎的コーディネーショントレーニングでは、筋肉どうし（ここでは腕と脚の筋肉）がうまく協力し合って動いているかどうかがもっとも大切である。この基礎的なコーディネーショントレーニングで、腕と脚を同時に動かしたり、または交互に動かしたりさせようとすると、多くの選手に身体の一部分にしか集中できずに、身体全体の動きのリズムをうまくつかむことができないといった欠点が見られる。これは、腕と脚の両方に意識を配ることができないために、結果的に両方ともうまく動かすことができなくなってしまうためである。こうしたことは、ジュニア選手ばかりでなく、トップクラスの選手でも見られることである。

　この腕と脚のコーディネーションについては、長縄とび、靴踊り、操り人形などのトレーニングを行うことで改善できる。たとえば、操り人形は、ドイツではほとんどのスポーツ選手がその動き方を知っているが、とても複雑なコーディネーション能力が要求されるトレーニングである。

1 長縄跳び

　長縄跳びも、コーディネーション能力を養うのにとても効果的である。しかし最近では、長縄跳びをトレーニングに取り入れている光景は、あまり見られなくなってしまった。長縄跳びのロープは、簡単に手に入れることができるので、トレーニングにどんどん利用すべきである。ここでは、2人でまわしている縄の下を、以下のような課題を行いながらくぐり抜けていくトレーニングを行う。

IV　腕と脚のコーディネーション　　**63**

> ドリル
> 1. 縄がまわっている間に、縄の下で1回ジャンプする（両足のかかとをおしりにつけるようにジャンプ）。
> 2. 縄が1回まわる間に、縄の下で2回ジャンプする（両足のかかとをおしりにつけるようにジャンプ）。
> 3. 両膝を胸につけるようなジャンプで縄を跳び越えたら、すぐにダッシュで通過する。
> 4. 縄の下をダッシュで通過する。
> 5. 縄がまわっている間に、キックの動きをする。

2　靴踊り

靴踊りは、基礎的コーディネーション能力を楽しみながらトレーニングできるユニークな方法である。このトレーニングは、写真のように膝をすばやく曲げ、かかとを手で触る動作をリズミカルに繰り返す。

動き方としては、たとえば、左手で右足のかかとに触る（逆も同様）、または左手で左足のかかとに触る（逆も同様）、という動作を身体の前で行ったり、後ろに膝を曲げて足に触る、などがあげられる。

ステップを入れずに行う靴踊りは、動き方も簡単で、比較的疲労度も少ない。

靴踊り──右足のかかとに左手で触る

逆に、1回脚を曲げるごとにステップを入れながら行う靴踊りは、高度なコーディネーション能力と、ある程度の脚の筋力などが要求される。また、一定のリズムで腕と脚を同時に動かすのは非常に難しく、最初のうちはうまくできない選手も少なくない。

> ドリル
> ■ステップを入れずに（その場で）行う「靴踊り」の課題
> 1. 身体の前で、
> 　──右足だけに触る。

――左足だけに触る。

　　　――右足、左足交互に触る。

2. 身体の後ろで、

　　　――右足だけに触る。

　　　――左足だけに触る。

　　　――右足、左足交互に触る。

3. 前と後ろ交互に触る。

■ステップ（前に移動）しながら行う「靴踊り」の課題

1. ステップしながら、身体の前で、

　　　――右足のかかとに触る。

　　　――左足のかかとに触る。

2. ステップしながら、身体の後ろで、

　　　――右足のかかとに触る。

　　　――左足のかかとに触る。

■そのほかの課題との組み合わせ。

1. 膝を持ち上げる（P.134～135参照）。

2. 簡単なジャンプ。

3. 操り人形の動きと組み合わせて交互に行う。

4. ボールを用いて行う。

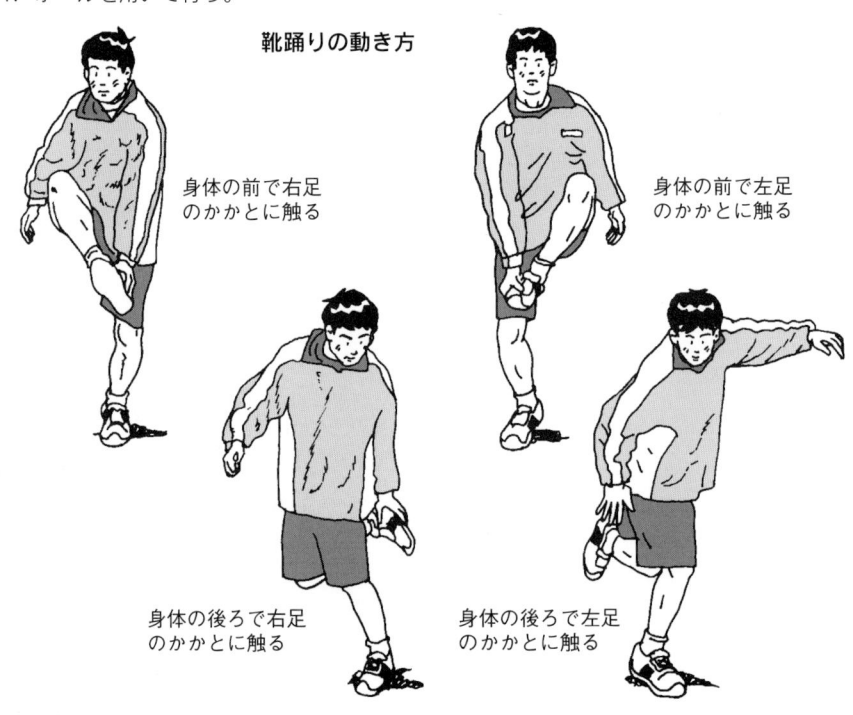

靴踊りの動き方

身体の前で右足
のかかとに触る

身体の前で左足
のかかとに触る

身体の後ろで右足
のかかとに触る

身体の後ろで左足
のかかとに触る

3 操り人形

　まずは操り人形の基本的な動き方とその動きのバリエーションについて説明したい。操り人形の基本的な動き方は、脚を開いたり閉じたりする動きと、さまざまな腕の動きを組み合わせたもので、ジャックと呼ばれている。この動きは、音楽のリズムにのって行うといっそう楽しくトレーニングできる。

　実際に、選手たちに操り人形のトレーニングを行ってみると、最初のベーシックな動きは、ジュニアからトップの選手まで、たいてい誰でも問題なくこなすことができる。しかし、動きのリズムを変えることによって、与えられた課題をうまく行うことができなくなる選手も出てくる。これは、腕と脚をさまざまなリズムで動かすためには、高度なコーディネーション能力が要求されるからである。

ポイント

　脚を開いたり閉じたりする動きの間に、さらにジャンプの動きを加えると、関節に大きな負荷がかかる。したがってジャンプの動きを加えるのであれば、あまり力を入れすぎないように気をつけなければならない。また、トレーニングの前には、ボールを使った簡単なウォーミングアップや、ストレッチなどを入念に行っておく必要がある。

　できるだけ関節に負担をかけないようにするためには、つま先を外に向け、できるだけ膝を曲げないように行うとよい。

●操り人形の基本的な動き

　まず、基本的な操り人形の動きを紹介しよう。最初は脚を閉じ、手を体側につ

脚を閉じて、手を体側につける

両脚を開くのと同時に、両手を斜め上45度の方向に上げる

けた状態からはじめる。次に、脚を開くと同時に、手を上の方に引き上げる。その他にも、脚を開く際に、頭の上でパチンと手をたたいたり、腕を水平になるところまで上げたりする。このように、コーチの工夫次第で多くの動きを考えることができる。

●逆さ操り人形

ここでは腕と脚の動きを、先に述べた「操り人形」の動きとは逆にして行う。具体的には、写真のように脚を閉じたときには腕を上げ、脚を開いたときには手を下げる。

脚を閉じているときは、手を上げる

脚を開くのと同時に、手を下げる

●操り人形を用いたトレーニング例

操り人形は、さまざまな方法で行うことができる。また、課題の設定のしかたによって難度を変えることもできる。

〈脚の動き〉

脚を横、斜め、あるいは前後に開いて行う。

〈腕の動き〉

腕の動かし方を増やすことによって、難度を上げることができる（腕の動かし方については、P.68を参照のこと）。

〈動きのリズム〉

脚の開閉速度を変えながら、さまざまなリズムで行う。脚の開閉をゆっくりと

Ⅳ 腕と脚のコーディネーション

● 「操り人形」の課題の要素 ●

- 脚の動き　腕の動き
- 動きのリズム
- 動く範囲　スペースで行う　フープの上で行う
- ボールを使って音楽に合わせて

行う場合は、軽いジャンプを間に入れる。たとえば、脚を開く→ジャンプ→脚を閉じる→ジャンプ→脚を開く、という動きがあげられる。

〈身体を回転させる〉

脚の開閉を1回行うごとに、身体を90度ずつ回転させる。まず正確に90度ずつ回転するように注意する。それから全部で4回の回転（90度×4回）でスタート地点に戻るようにする。身体を回転させるタイミングは、脚を開きながらでも閉じながらでもどちらでもよい。

〈動きの範囲〉

脚の開閉を行いながら、前方や後方への移動の動き（あるいは身体を回転させたりする）を加えることで、さらに難度を上げることができる。

操り人形の最も基本的な動き方は、移動をせずにその場で脚を開いたり閉じたりすることだが、そればかりでなく動く範囲を変えることで、トレーニングを変化させることができる。たとえば、次のような動きである。

- 前後に繰り返しジャンプしながら、脚を開いたり閉じたりする（ここで重要なことは、一定の距離でスムーズにジャンプすることである）。
- 移動範囲を設定して左右に動く（たとえば、コーンからコーンへ、またはラインからラインへ）。
- 身体を90度ずつ回転させる。
- 三角形、四角形、五角形……などの形に線を引き、その上を動く。

〈フープの上で行う操り人形〉

　操り人形の動きを、連続したフープの列で行うことで、ジャンプの距離を一定に保つことができ、同じ動きを連続的に行うことができる。

〈ボールを使って行う〉

　ボールを使って操り人形の動きを行うトレーニングは、サッカー選手にとってとくに重要である。この動きには、たとえば、ボールをバウンドさせたり、上に投げたり、手に持ったまま動くなどがある。

〈音楽を使う〉

　音楽に合わせて操り人形の動きを行うことで、腕と脚の動きのタイミングをうまく合わせたり、グループで行う場合の動きを統一することができる。こうした音楽を使ったトレーニングについては、P.121「第3章　ボール・コロビクス」で詳しく紹介したのでご覧いただきたい。

◆腕の動かし方について

　ここではさまざまな腕の動かし方を紹介する。まず、蝶の羽の動きをイメージしてほしい。最初、脚は閉じておき、写真のように、両腕を顔の前で閉じておく。次に、脚を開くのと同時に、顔の前で閉じておいた腕を開く。その他にも、後ろから前へ、または前から後ろへ動かす、などがあげられる。ここではそのつど違った腕の動かし方でトレーニングを行う。

ドリル

1. 両腕を同じタイミングで、地面と平行になるように、後ろに動かす。
2. ボートをこぐように両腕を動かす（後ろから前へ）。
3. 両腕を体側につけ、次に腕を天秤のように横に開いて肩の高さまで上げる。
4. 両腕を上に向けて伸ばし、次に下へ下ろす（上に伸ばす際に、頭の高さまで、肩の高さまで、というように上限を設定してもよい）。
5. 地面をパンチするような動作の後、両腕を上に向かって伸ばす。
6. ボクサーの動きのように、左右交互にパンチを出す。
7. バタフライ──蝶が羽を広げたり閉じたりするような動き。
8. 身体の正面で地面と平行になるように、両腕をクロスさせる。

IV 腕と脚のコーディネーション

■操り人形：バタフライ

羽を閉じた状態──肘を曲げた腕を顔の前に持ってくる（両腕と脚の動きをつねに連動させる）

羽を開いた状態──肘を曲げたまま腕を横に開く（両腕の動きをつねに連動させる）

腕の動かし方の例

地面をパンチするような動作の後、両腕を上に向けて伸ばす

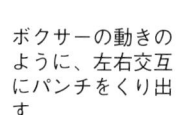

ボクサーの動きのように、左右交互にパンチをくり出す

◆脚の動かし方

　脚の動かし方を変えることで、トレーニングの難度を上げることができる。たとえば、開いた脚を閉じる際に、脚をクロスさせる。

脚を開くのと同時に、両手を地面と平行になるように横に伸ばす

脚を閉じながらクロスさせるのと同時に、腕をクロスさせるように前に伸ばす

［例］１回目のクロスで右脚を前に持ってきたら、次のクロスでは左脚を前にしてクロスする、という動きを繰り返す。

●脚をクロスさせる

脚をクロスして行う操り人形のトレーニングでは、２つの脚の動きがあげられる。

◇ベーシック：どちらか片方の脚だけを前に出してクロスさせる。

◇応　　用：右脚、左脚とも交互に前にくるようにクロスさせる。

左脚を前に出してクロスさせながら、左手を前に伸ばす

◆上級者のための課題

　腕と脚の動きを組み合わせてトレーニングを行う際には、下にあげるように、課題の数を少しずつ増やして難度を上げていく。

　腕の動きの例としては、たとえば右腕と左腕を交互に上に向かって伸ばしたり、ボクサーのパンチのように腕を前に突き出す動きなどがある。これらの動きでは、サッカー選手に最低限必要なコーディネーション能力が要求される。この動きは身体のバランスを保つのが難しいので、とくに初心者では、うまくバランスをとれずにぐらつくことが多い。

　2つの違った腕の動かし方を組み合わせることで、トレーニングのレパートリーを広げることができる。たとえば、脚を開いたり閉じたりしながら、右手と左手、それぞれを違う動かし方で行ったり、脚の開閉に合わせて、右手を下げているときは左手を上げ、右手を上げたら左手を下げる、という動きを繰り返す、などである

　さらに3つの異なる腕の動きを行いながら、脚を開いたり閉じたりする。この3つの異なる腕の動きというのは、腕を上下に動かすだけでなく、水平になるように、あるいは、前後左右に、いろいろな方向を組み合わせて腕を動かすということである。この場合、全身の動きがつねに不規則に変化するため、うまく身体を動かすことが難しくなる。なぜなら、脚と腕の動きに同時に意識を集中させることは、非常に難しいからである。したがって、ここでの目的は、最終的には脚の動きを自動化させることによって、腕の動きだけに集中することができるようにするところにある。

●腕と脚の動かし方について

　開いている脚を閉じる際に、脚をクロスさせながら腕を動かす。その場合の腕は、写真のように腕を下に下げたり、地面と平行になるように前に伸ばす、という動きを、片手ずつ交互に行う。さらに脚を前でクロスさせたり、後ろでクロスさせたりする。

　［例］開脚→クロス（左脚が後ろ）、開脚→クロス（右脚が後ろ）、など。

　さらに、さまざまな腕の動きと、脚を開いたり閉じたりする動きを組み合わせることで、トレーニングの難度を上げることができる。

脚をクロスさせながら、前に伸ばした手を片手ずつ下げる動き　　脚を開いて右手を下げた状態

●コンビネーション

　2種類（あるいはそれ以上）の脚の動きを組み合わせることで、トレーニングの難度を上げることができる。たとえば、脚を開いたり閉じたりしながら、腕を前後に動かすという課題を、4回連続して行う。ここでも、コーチの工夫次第で非常に多様な動きをつくり出すことができる。

[ドリル]
1. 脚を開いたままで前後にステップを行う
2. 右脚で前へ→両脚で前へ→右脚で前へ
3. 左脚で前へ→両脚で前へ→左脚で前へ
4. 右脚で前へ→両脚で前へ→左脚で前へ→両脚で前へ

◆パートナーと行う操り人形

　ここまでは1人で行う「操り人形」のトレーニングを紹介してきたが、パートナーと（2人組で）一緒に行うことによって、さらに楽しみながらトレーニングに取り組むことができるし、動き方のバリエーションを増やして、トレーニングを発展させることもできる。

　たとえば、向かい合って立っている選手の間にボールを置くことで、そのボールに触ったり、パスを交換したり、手で投げたりできる。このように、「操り人形」の動きと、ボールを用いて行うさまざまな課題（たとえば、相手が投げたボールをキャッチする、など）を組み合わせることによって、トレーニングに多様な変化を与えることができる。

Ⅳ　腕と脚のコーディネーション

操り人形の動きの中で、両脚を開くと同時に、手に持ったボールを地面にバウンドさせてパートナーにパスする

V スピードと反応

　サッカー選手のスピード能力については、今日では以下のような複合された要素が求められている。
- すばやいスタートダッシュ、瞬間的な方向転換やストップ、鋭いターンなど。
- 身体をすばやく動かしながらボールをコントロールする。
- ゲーム中のさまざまな状況にすばやく反応したり、状況に応じて身体の動かし方を変える。

　各スピードの特性や、それらの持つ意味については、ヴァインエックの研究に詳しいので、以下に簡単に紹介しておきたい。

◆スピードの種類とその特性（ヴァインエックによる）

動作のスピード	ボールを保持した状態ですばやく動く（例：キック、ドリブル、パスなど）
移動のスピード	ボールがない状態で、すばやく身体を動かす（例：ダッシュ、方向転換など）
ゲームにおける動きのスピード	つねに変化するさまざまな状況にうまく対応しながら、ゲームで要求されるあらゆる動きをすばやく行う
反応のスピード	味方選手、相手選手、ボールの動きに対してすばやく反応する
決断のスピード	多くの選択肢の中から、その状況にふさわしいプレーをすばやく決断する
認知のスピード	視覚と聴覚を通して、ゲームの状況をすばやく認知し、多くの情報を取り入れる
予測のスピード	自らの経験にもとづいて、味方選手、相手選手の動きや、ゲームの流れを先取りする

ここでは、サッカー選手にとってとくに重要とされている、すばやく方向を変える能力や、ランニング技術を養うトレーニングを紹介する。それらのトレーニングを行うことによって、すばやく動いたり、短い距離を速く走ることができるようになる。

しかし、たとえば速く走れるようになるためには、コーディネーショントレーニングだけをしていればよいというわけではない。その他にも、走動作に必要な筋肉を鍛えたり、加速のためのパワーを生み出すトレーニングをする必要がある。そうした前提の上で、本書ではスピードにまつわるコーディネーショントレーニングの内容につてい紹介する。

1 ランニング技術

まちがった走り方をしているスポーツ選手は意外に多い。走る際に、頭、肩、胴体などによけいな力が入り、無駄なエネルギーを消費しているのである。これでは、足首や膝の関節を十分に動かすことができず、結果として、すばやいダッシュに必要なスピードを得ることができない。

スティックやハードルなどを使ったトレーニングを行うことによって、ランニングの技術を改善できるばかりでなく、コーディネーション能力も同時に養うことができる。

サッカー選手のためのランニングコーディネーションのトレーニングは、歩幅や歩数（ピッチの数）を変えながら、いろいろな動きを行うというものである。ここではまず、トレーニングで用いる障害物（ハードルやスティック）を置く距離、間隔、そして高さを、次のように目的に合わせて設定しておく必要がある。

・ハードルの間隔をせまくすることで、ピッチを上げる。
・ハードルの間隔を長くとることで、ステップの歩幅を広げる。
・ハードルを高くして、膝の上げ下げを難しくする。

ポイント

(1)すばやく脚を動かす。
(2)軽快にステップを踏む。
(3)走るスピードを急に落としたり、逆に加速したりしながら方向転換を行う。

(4)ジャンプ力を養う。

(5)トレーニングのセット数、ステップの長さなどをあらかじめ設定する。

❶ランニング技術を養うトレーニング

●スタートの訓練

　立った状態で、実際に走るときと同じように、腕と脚を動かす。最初はゆっくりと大きく腕を振りながら、脚を動かす。そして徐々にスピードを上げていき、実際に走るときと同じ速さになるまで動かす。動きが速くなってきたら、上半身を少しずつ前傾させていく。身体が前に傾いてきて脚が出そうになったら走りはじめる。

　コーチは、選手の腕と脚の動きを見て、足首や膝関節がよく伸ばされているかどうか、また、タイミングよく腕に力を入れているかどうかなどをチェックする。

　※腰はできるだけ曲げないようにする。

ポイント

　コーチの観察ポイントとしては、次のような点があげられる。

(1)腕：あごの高さまで上げているかどうか。

(2)腕の角度：90度であるか。

(3)脚の蹴り：脚の蹴りが地面に伝わっているかどうか。

(4)膝：適切なタイミングで、うまく力を入れているかどうか。

(5)大腿部：水平になるまで上げているかどうか。

ドリル　トレーニングフォームには、次のようなものがある。

1. ハードルを跳び越える（地面を蹴る側の足首にタイミングよく力を入れると同時に、全身を伸ばす）。
2. 横向きになって、右方向、または左方向にジャンプしながら進む（足首をおしりまで引きつけながらジャンプする）。
3. ハードル間を片脚でジャンプして進む（ジャンプごとに上に跳び上がるようにする）。

2 スプリント走

❶いくつかのドリルを行った後でのスプリント走

図のように、何本かのスティックを並べておく。このスティックの上を、いくつかのドリルを行いながら走り抜け、そのあとに10mほどのダッシュを行う。スティックの代わりにハードルを使ってもよい。

［例］スティックの代わりに、高さ約30cmくらいのハードルを置いて、一定のリズムでさまざまな動きを行う。

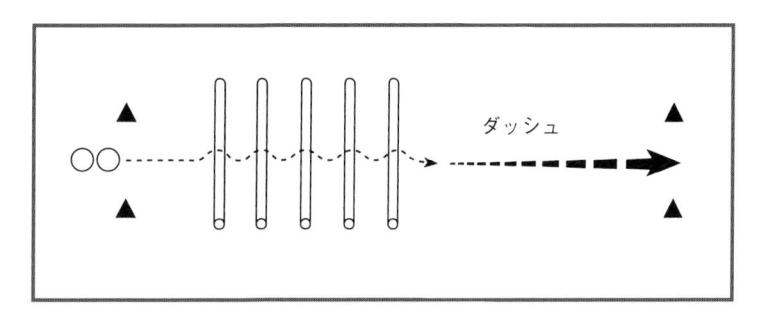

ドリル
1. スティックの上をスキップで走り抜ける。
2. スティックに触れないように、脚をできるだけ速く動かして走り抜ける。
3. 横向きでサイドステップ。
4. 片脚でホップジャンプ（左脚で行ったら、次に右脚で行う）。
5. 両脚でホップジャンプ。
6. スキップ：2歩前進して、1歩後ろにさがる。
7. 右脚・左脚交互に、できるだけ遅いスピードでジャンプ（ステップの間隔を大きくとる）。
8. 横向きでスキップ：2歩前進して、1歩後ろにさがりスタートゾーンで行う、ジャンプ、またはサイドステップとダッシュのコンビネーション。

●ジャンプまたはサイドステップとスプリントのコンビネーション

ジャンプ、または横向きでスキップをしながら、2本のスティックの上を跳び越え、続いて前方のスティックの上を走り抜ける（2本のスティックの中央からスタート→左へ移動→中央に戻る→右に移動→再び中央に戻る→ダッシュ）。

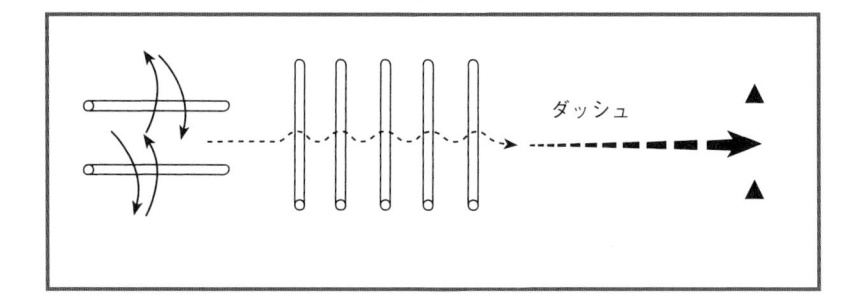

●対戦型のトレーニング（2人1組で行う）

下の写真のように、まず最初に、2人の選手が同時にジャンプしてお互いの肩をぶつけ、着地すると同時にコーンで設置してあるゴールまで走り抜ける。

スタートと同時に、ジャンプしてチャージし合う　　着地したらすぐにダッシュする

❷方向転換、ブレーキ、加速を行いながらのスプリント

次のランニングトレーニングでは、走りながら方向を変えたり、スピードを緩めたり（ブレーキ）、加速したりといった内容のトレーニングを行う。

●ジグザグ走

たとえば、図のようにジグザグに置いてあるコーンからコーンへの移動を、前向きでダッシュ→後ろ向きでダッシュ→前向きでダッシュというように、いくつかの異なる課題を用いて行う。最初のコーン（黄）から2番目のコーン（赤）ま

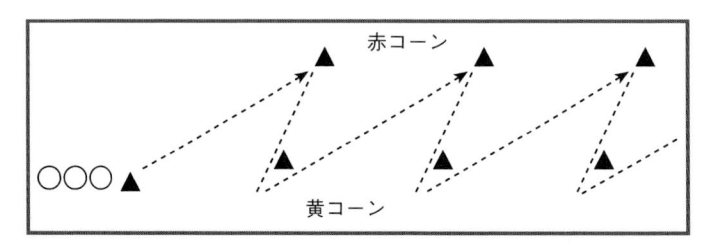

V　スピードと反応

ダッシュしてすぐにコーンにタッチ 　　　　　後ろ向きにダッシュ

でダッシュしてコーンにタッチしたら、続いて3番目のコーン（黄）までは、脚をできるだけすばやく動かしながらダッシュする。ここで注意すべきことは、視線を下げないでダッシュすることである。そこから続いて4番目のコーン（赤）までダッシュする。

バリエーション

ここではコーンには触らずにダッシュを行い、最初のコーンのわき（約50cmのところ）を走り抜けたら、走るスピードをできるだけ落とさずに、2番目のコーンに向かって前向きでダッシュする。

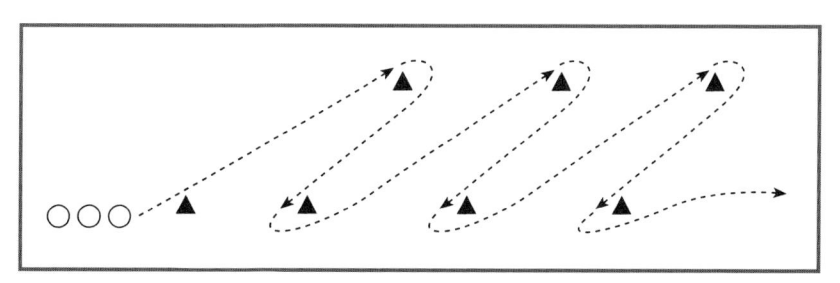

●前向き・横向き・後ろ向きの順でダッシュする

まず選手は、最初のコーンまで前向きでダッシュをし、続いて2番目のコーンまでは横向きでダッシュする。最後に、3番目のコーン（ゴール）へは後ろ向きでダッシュする。このトレーニングは、できるだけ早いテンポで行うこと。

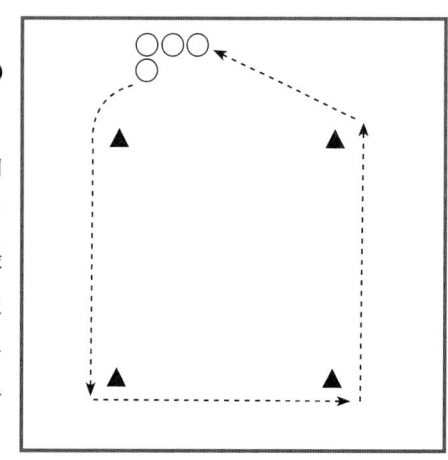

●5つのコーンの間を向きを変えながらダッシュ

選手は各コーンごとに方向転換を行い、コーンからコーンへの移動を、前向き→横向き→後ろ向きと変えながらダッシュをする。

ドリル
1. No.1のコーンからスタートする。
2. 中央に位置するNo.2のコーンまでは前向きでダッシュする。
3. 中央のNo.2のコーンまできたら、90度方向転換し、No.3のコーンまでは横向き（左の方向に）でダッシュする。
4. No.3のコーンをターンする際には、後ろ向きにステップする。
5. No.2のコーンまで横向きでダッシュする。
6. No.4のコーンまでは前向きでダッシュする。
7. No.4のコーンまできたら、図の線のように身体をターンさせ、ゴールであるNo.5のコーンまで前向きにダッシュする。

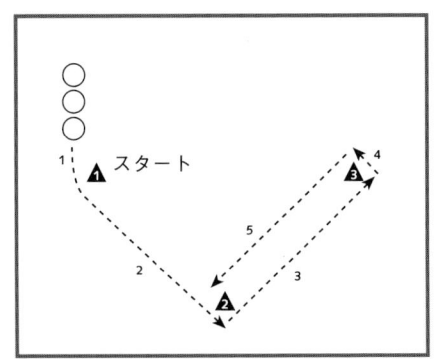

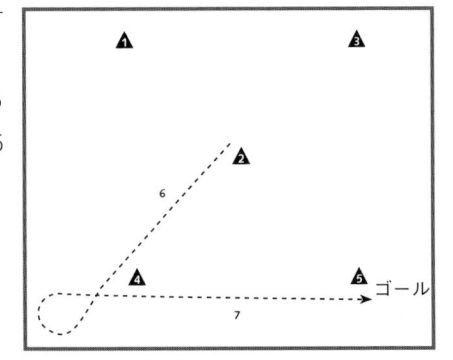

前向きにダッシュ→左のコーンに向かって横向きでダッシュ

外側のコーンをまわったら、すぐにゴールへダッシュ

●パートナーと行うトレーニング
──反応力を養う（正方形のグリッドで行う）

選手Aは、選手Bのダッシュにうまく反応して、選手Bが触ったコーンに触る。

Ⅴ　スピードと反応

左側の選手は、右側の選手の動きにうまく反応して、同じように動く

左側の選手は、右側の選手と左右対称になるように動く

または、選手Aは、パートナーである選手Bと平行に動くか、または左右対称の動きを行う。

❸その他のスプリントトレーニング
●フープからスタートしてダッシュする

選手はフープを使ったドリルを行う（P.50参照）。まず、コーチかパートナーの方を見つめる。続いて、コーチ（またはパートナー）は、ホイッスルを吹いたり、手をたたいたりして選手にスタートの合図をする。選手はその合図に反応し、フープからすばやく出てダッシュする。

以下に、いくつかのドリルを示しておこう。

1. ダッシュした後に、ゴールに向かってシュートする。
2. 投げられたボールに向かってダッシュする→ヘディング、またはダイビングヘッド。
3. スラローム状に置かれたコーンの中で、すばやくドリブルする。

●スティックでつくった三角形の中からスタートしてダッシュする

現在のサッカーではゲーム中、たとえば相手チームの選手による妨害を受けながら走ったり、不規則に変化するボールの動きにうまく対応しながら走らなければならない。

まず、スティックで作った三角形のゾーンの中ですばやく足を動かし、コーチの合図と同時に、すぐにダッシュする。このトレーニングでは、かなりの集中力が必要とされる。図のように、3本のスティックを用いて三角形をつくる。また、三角形のグリッドから5〜10m離れた所に、ゴール、または折り返し地点としてコーンを置く。

［例］選手は三角形のグリッドの中で2回ジャンプする。それから右斜め前にジャンプし、グリッドに戻ったら、続いて左斜め前にジャンプする。再びグリッドに戻ってきたら、今度は真後ろにジャンプする。

ドリル
1. 両脚で勢いよくジャンプ（両膝を胸につけるように）。
2. 片脚で勢いよくジャンプ（着地の際に、腱や関節に負担がかかるので、高く跳びすぎないように注意する）。
3. スキップとジャンプの動きを組み合わせる。

ポイント
(1) スティックを地面の上に並べ、それぞれの角にコーンを置く。コーンの大きさを変えることにより、スティックの高さが変わるので、選手はつねにグリッドの中で動き方を調節しなければならない。
(2) 動きの速さは、選手の身体能力に合わせて調節する。ここでは速く行うことよりも、正確に行うことが重要である。
(3) グリッドの数は、選手の人数とグループの数に応じて調節する。

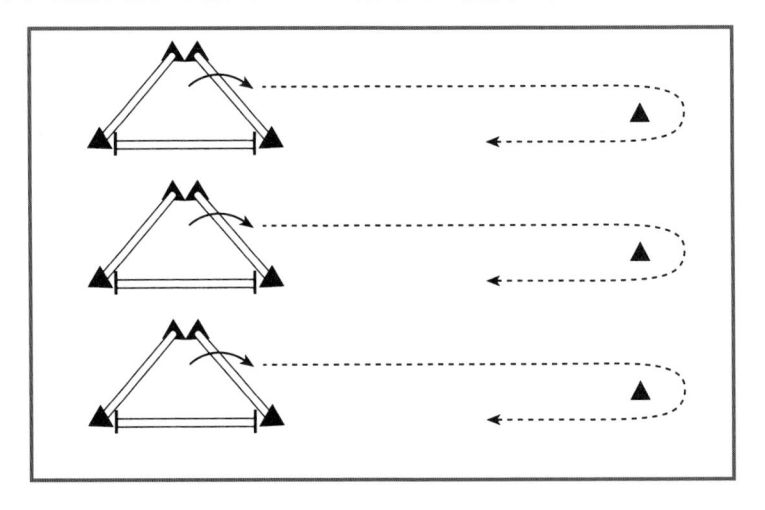

バリエーション
さらにこのトレーニングを、以下のようなバリエーションで行うとよい。
(1) コーンまでダッシュしたら、三角形のグリッドまで戻って再び課題を行う。
(2) コーンまでダッシュしたら、ターンと同時に三角形のグリッドまで後ろ向きでダッシュする。
(3) コーチが出すいくつかのサインに応じてさまざまな動きをする。たとえば、コーチが手を上に上げた場合はスキップ、手を水平に上げた場合は両膝を胸につけるようにジャンプ、手を下に下ろした場合はスタートのポーズをとる。

V　スピードと反応　　83

三角形のグリッドに戻ってきたらすぐにコーンまでダッシュ

●フープからスタートしてダッシュする

まず選手Aは、フープの中ですばやく動く。選手Bは走り出し、フープから2〜5m離れたところでパスを要求する。選手Aは、すぐにフープの先に置いてあるボールに移動し、選手Bにパスをする。

右の選手は、早くフープをクリアできるように、脚をできるだけすばやく動かす

フープをクリアしたら、走っているパートナーにパスする

バリエーション

(1)選手Bは、選手Aにスタートの合図をすると同時にダッシュする。選手Aはスティックでジャンプした後で、ボールへ向かってダッシュする。ボールの位置に着いたら、スタートの合図をした選手Bにパスをする。このトレーニングでは、スティックの上でさまざまな動きを行う。

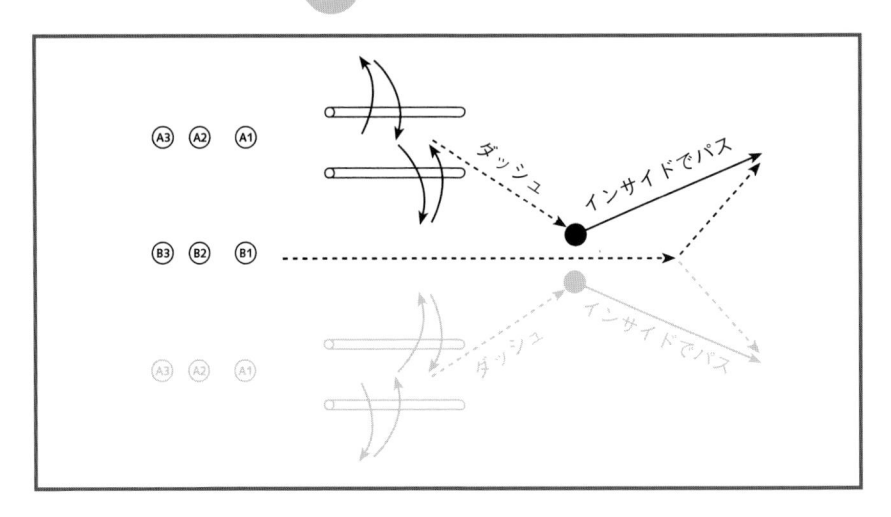

(2)図のように、フープを左右対称に2ヶ所に置く。フープでジャンプした後でボールに向かってダッシュし、先にボールに触った方が選手Bにパスをする。ここでも同様に選手Bの合図ではじめる。

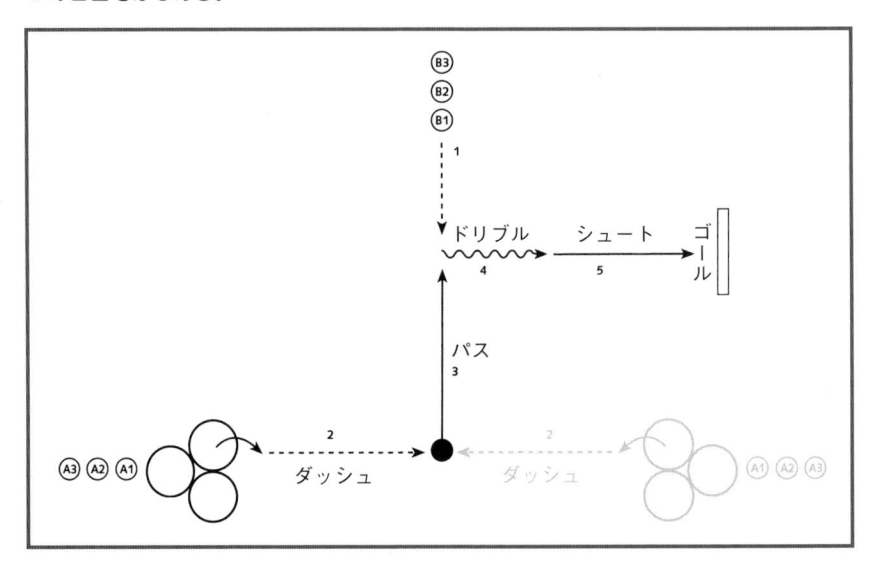

●3つのグループに分かれて行うトレーニング

コーンとコーンの間隔を10～15mほどとる。選手Aは、選手Bから約5m離れた所から、選手Bの方に向かってダッシュし、課題（たとえば選手Bからパスされたボールをダイレクトで返す）を達成したら、すぐに向きを変えて選手Cの方にダッシュする。ここでも同じように、たとえば選手Cがパスしたボールを選

手Aがダイレクトで返す。以上の動きを繰り返し行う。

　このトレーニングでは、選手Bか選手Cにパスミスなどで正確にボールが渡らなかったら、選手Aはすぐにボールを取りに行く。ボールがたくさんある場合は、パスミスをしたときにすぐに補充できるように、グリッドの側に集めておく。

　トレーニングの時間は、各選手の年齢や身体能力や年齢に応じて、30秒、40秒、60秒というように設定を変える。

> 1. 選手Bと選手Cからきたパスを、ダイレクトにリターンパスする。
> 2. 選手Bと選手Cが投げたボールを、ヘディングで返す。
3. 選手Bと選手Cが投げたボールを、ダイビングヘッドで返す。
4. 選手Bと選手Cが投げたボールを、インサイドのボレーキックで返す（上級者向けのトレーニング）。

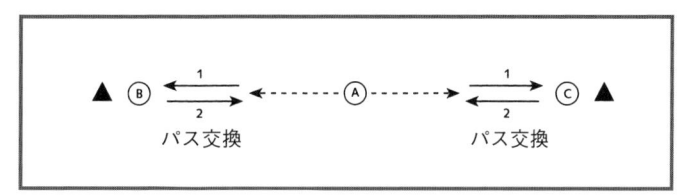

3　反応と方向感覚

　図に示してあるように、スタート地点とゴール地点との間に、それぞれNo.1からNo.6までの6つのコーンを並べる。ここでは選手の数に応じて、3つから5つのグループに分ける。コーチが6つのコーンに示された数字を任意に組み合わせてつくられた2桁の数字を声に出して言ったら、選手は最初の数字のコーンにタッチし、続いて2つ目のコーンに触った後で、すぐに方向転換をしてダッシュする。

> ■例1
> 　コーチが「25」と言ったら、選手はまず、No.2のコーンにタッチし、続いて方向転換をしないでNo.5のコーンまで走る。No.5のコーンまできたら、コーンにタッチして、そのあとすぐに方向転換し、スタート地点にダッシュで戻る（スタート地点はNo.1のコーン）。

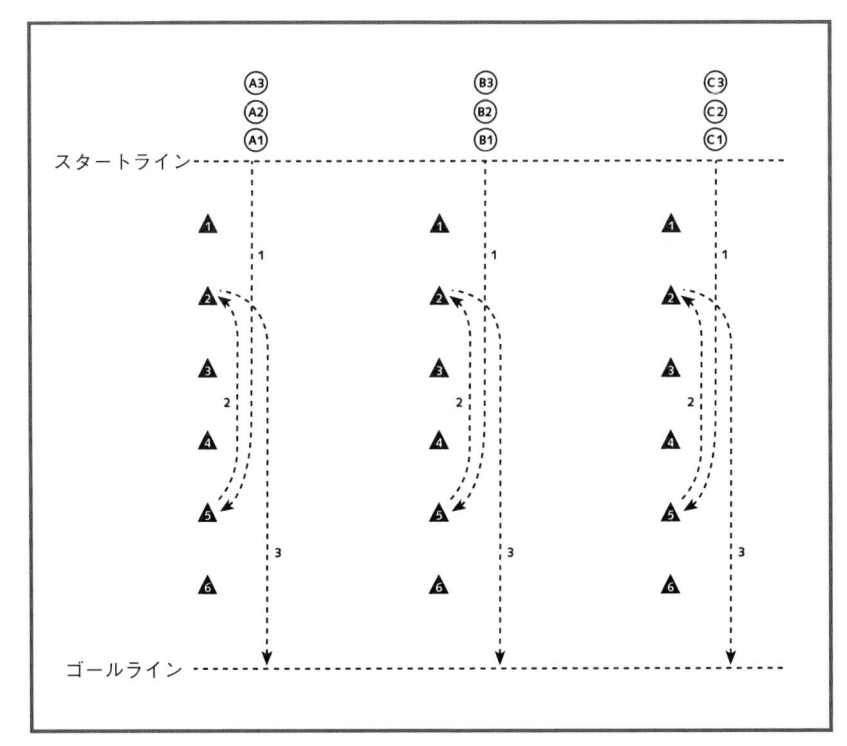

■例2

コーチが「52」と言ったら、選手はまず、No.5のコーンまでダッシュし、コーンにタッチしたらすぐに方向転換して、再びNo.2のコーンまで走る。No.2のコーンにタッチしたら、2回目の方向転換を行い、すぐにゴール地点を目指してダッシュする（ゴール地点はNo.6のコーン）。

ポイント

コーンの数は、つねに同じ数に設定しておく。そうすることで、選手はつねにどんな動きをしなければいけないか考え、準備することで方向感覚を養うことができる。

選手がスタート地点からスタートした場合、スタート地点側の最初のコーンがNo.1となり、逆に反対側のゴール地点からスタートした場合には、ゴール地点側の最初のコーンはNo.6となる。このようにして、つねに変わる条件に対応していくことで、プレーに必要な集中力を養うことができる。

◇簡単な競争を行う

トレーニングで簡単な競争を行うことによって、楽しみながらトレーニングすることができる。

◆スティックサークルの中で行う鬼ごっこ

　写真のように、スティックを放射状に並べる。ここでのスティックの間隔は、トレーニングがスムーズに行えるように並べておく必要がある。2人の選手のうち、1人がウサギ（逃げる方）、もう1人がハンター（追いかける方）となり、スティックサークルの中で向かい合って立つ。もしスティックがない場合は、フープやミニハードルで代用する。このトレーニングでは、ハンターはスティックに触れないようにウサギを追いかけなければならない。

■バージョン1

　ハンターは途中で走る方向を変えずに、同じ方向に走る。ハンターがスティックに触ったらハンターの負けとする。同じように、ウサギが制限時間内（たとえば制限時間を30秒と設定した場合なら30秒間）で、ハンターにタッチされずに逃げ続けることができたら、ウサギの勝ちとする。

■バージョン2

　ハンターは途中で自由に方向転換しながらウサギを追いかける。

バリエーション

(1) コーチは、スティックの間隔を狭くしたり広くしたりして、ステップの長さを変えることで、サークルの中でのダッシュの長さを調節できる。

(2) サークルの中での走り方を、以下のように変えることもできる。
　　——スティック間を、地面に1回ずつ足を着けながら走る。
　　——スティック間を、地面に2回ずつ足を着けながら（2回ずつステップを踏んで）走る。
　　——サイドステップで移動する。
　　——膝を胸につけるようにジャンプ（片脚または両脚で行う）。

スティックサークルの中での鬼ごっこ

●相手選手を振り切るトレーニング

　図のように、コーンとコーンの間に2人の選手が向かい合って立つ。選手Aは、すばやいサイドステップを行いながら、選手Bを振り切る。選手Aが、選手Bを振り切ったらすぐ、選手Bが内側のコーンに触る前に外側のコーンにタッチする。選手Aが外側のコーンにタッチできたら、選手Aの方に得点が入る（選手Bがフェイントに引っかかったら、すぐに外側のコーンに向かって思い切ってダッシュする）。ここでは、トレーニングの順番を待っている選手が審判をする。

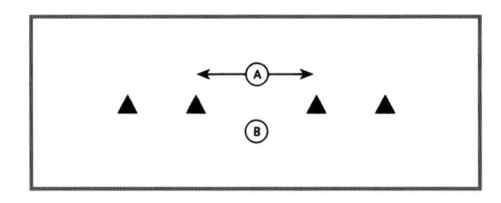

サッカーの
コーディネーション
トレーニング

第2章

SPEZIELLES
KOORDINATIONSTRAINING FÜR FUSSBALLER

KOORDINATIONSTRAINING FUSSBALL
DAS PETER-SCHREINER-SYSTEM
PETER SCHREINER

基礎理論

　サッカー選手のコーディネーション能力が上がるにつれて、トレーニングは基礎的なコーディネーショントレーニングから、サッカー特有の内容へと変化していく。この章では、サッカーの動きを取り入れたコーディネーショントレーニングについて説明する。

❶サッカー選手に必要なコーディネーション能力

　各スポーツ種目の専門的コーディネーショントレーニングは、その種目に特有な状況を設定したなかで、すでに習得した動きやテクニックを利用して行われる。レベルが高くなるにつれて、サッカーに必要なテクニックを、できるだけ効率的にマスターしていく必要がでてくるが、それを可能にするのもやはりコーディネーション能力である。サッカーの動きの要素を含んだコーディネーショントレーニングを行うことで、より高度なサッカーテクニックも確実に身につけることができる。

ポイント

　サッカーのコーディネーショントレーニングを行う際には、以下の要素を取り入れてトレーニングを組み立てる必要がある。

(1)ダッシュしながら急にジャンプ。
(2)ジャンプ、すばやい方向転換、走りながらの方向転換などの複合的な動き。
(3)せまいスペースでの動き。
(4)相手選手による激しいプレッシャーのなかでのプレー。
(5)限られた時間内でのすばやいプレー。
(6)さまざまな天候、気象条件下でのプレー。

❷さまざまなプレッシャー条件

　これは、サッカーのゲームでもよくあることだが、オフェンスの選手がボールをキープすると、相手選手からすぐさま激しいプレッシャーをかけられ、せまいスペースへと追い込まれることになる。こうしたことから、オフェンスの選手はプレッシャーのかかった多様な状況でプレーをするということになる。

　このようなプレッシャーの要素について、ノイマイアーはその著書のなかで、以下のようにまとめている。

◇時　間

　現在のサッカーでは、すばやい身体の動きが要求されており、つねにトップスピードでキックやドリブルなどを行わなければならない。具体的な場面をあげれば、相手選手からの激しいプレッシャーで、ボールをキープする時間がほとんどないような状況のなかで、すばやくボールをコントロールしながら正確に動かなければならない。選手は、絶えず時間的なプレッシャーを受けているのである。

　しかし、経験豊富で、次に起こる事態をあらかじめ予測できる選手は、どんな状況にもすばやく対応できるので、時間的なプレッシャーを受けずにすむ。ただし、サッカーのゲームでは次に何が起こるかは予測しがたいことが多いので、あ

●プレッシャーの要素●

- **時　間**　限られた時間のなかで要求されるすばやい動き
- **状況の変化**　状況の変化への対応
- **ストレス**　肉体的・精神的な強さ
- **正確性**　プレーの正確性
- **場面の複雑さ**　同時に多様なプレーが要求される

らかじめ計画していたように動くということはきわめて難しいというのも事実である。

◇ストレス

1対1の状況では、選手はかなりのプレッシャーにさらされ、肉体的にも精神的にも極度に疲労してしまう。この疲労が、コーディネーション能力を十分に発揮できない原因ともなる。また、ストレスや不安も同じように、選手にとっては大きな負担となり、同じようにプレーに悪影響を及ぼす。

サッカー選手に限らずスポーツ選手なら誰でも、失敗するのではないか、と不安を抱くものである。たとえば、相手選手にボールを奪われたり、パスをカットされたりすることへの不安や恐れである。こうした不安が選手の身体を硬くさせ、状況判断とその対応を誤らせてしまう。

◇状況の変化

サッカー選手は、味方選手と相手選手の動きを同時に視野に入れながら、ボールをコントロールしなければならない。また、パスの動きや、それに伴うフィールドの選手たちの動きに合わせて自らも移動し、適切なポジションを確保する必要がある。このようにゲーム状況が目まぐるしく移り変わるなかでは、瞬時の判断が要求されるのである。

◇正確性

①せまいスペースの中でボールを受け、ボールをキープする、②フェイントを行う、③2人の選手に向かってセンタリングを上げる——これらはいずれも、サッカーのゲーム中に何度となく繰り返し行われる場面である。こうした状況のなかで、プレーの目的を確実に果たすためには、ひとつひとつの動きを正確に行わなければならないし、またプレーの目的に応じて、力の入れ方をうまく調節する必要もある。

◇場面の複雑さ

自分の足下にボールをキープした状態から、相手選手に攻撃をしかける1対1の場面では、さまざまなフェイントやドリブルなどのプレーを正確に行うために必要な動きが要求される。

また、今日のサッカーでは、同時にいくつもの動作が要求されることもよくある。たとえば、方向を変えるために身体を反転させながらボールをトラップしたり、相手選手をブロックしたままボールをトラップする、などである。

以上のように、ボールをトラップしたり、キープしたり、フェイントやすばや

いドリブル、あるいは正確なセンタリングを行うためには、こうした複雑な動きに対応できる基本的な動作をしっかり身につけておく必要がある。それこそが、コーディネーション能力なのである。

◇要　約

　サッカー選手は、さまざまなプレッシャーのかかった場面を切り抜けるために、そうした厳しい状況を意図的につくり出してコーディネーショントレーニングを行う必要がある。なぜならサッカーでは、どんなにプレッシャーがかかった場面であっても、技術的なミスや判断ミスは許されないからである。

❸技術・コーディネーショントレーニング

　技術トレーニングとコーディネーショントレーニングとを明確に区別することはできない。このことについてノイマイヤーは次のように述べている。

　「運動を行う際には、つねにあらゆるコーディネーション能力が関係している。したがって、トレーニングにおいて、専門種目の技術を磨く技術トレーニングと、基礎的な運動能力を養うトレーニングとを分けて行うのではなく、それぞれのトレーニングの中に、技術トレーニングの要素と、コーディネーショントレーニングの要素とをうまく組み合わせたものを行う必要がある。」（下図参照）

技術トレーニング	コーディネーショントレーニング
コーディネーショントレーニングの要素を取り入れた技術トレーニング（技術トレーニングに重点を置いた場合）	技術的な要素を取り入れたコーディネーショントレーニング（コーディネーショントレーニングに重点を置いた場合）
・種々の技術トレーニング ・トレーニングに変化を加える	・技術要素（パス・ドリブル・トラップなど）を取り入れながらコーディネーショントレーニングを行う ・さまざまなプレッシャー状況を設定したなかで行う

II 技術的な要素を取り入れたコーディネーショントレーニング

　種目ごとのコーディネーショントレーニングを行う際には、それぞれのスポーツ種目で用いられる技術が組み込まれることになる。たとえば、ハンドボールではハンドボール特有のゲーム状況を組み込んだり、ホッケーではホッケーのスティックをできるだけ多く用いたりする。サッカーのゲーム中の複雑な動きに対応するためには、たとえばハードルやフープを使って、いろいろな難しい状況を設定した上で、サッカーの動きを取り入れたトレーニングを行なう。

　ここでは、基礎的コーディネーショントレーニングと、サッカーの動きとを組み合わせたトレーニングを紹介する。とくにサッカーの技術向上に役立つように、主にボールを使ったコーディネーショントレーニングを行う。

❶パートナーとのトレーニング
●ジャンプ・テクニックドリル

　選手Aは、スティックの上を跳び越え、着地したらすぐに選手Bがパスした（もしくは投げた）ボールを受け取り、次のドリルを行なう。

ドリル
1. ゴロのパス（トラップあり、またはトラップなしで）。
2. 浮いたパスを返す（トラップあり、またはトラップなしで）。
3. 腰を回転させてシュート。
4. スタンディングの状態でヘディング、またはジャンプした後にターンしてヘディング。
5. パートナーが投げたボールをリターンする（足の甲やインサイドなどで）。

II 技術的な要素を取り入れたコーディネーショントレーニング

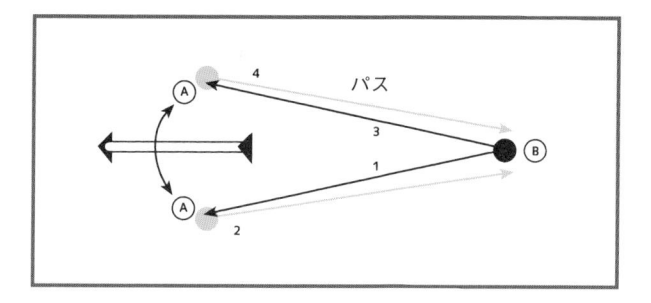

縦に置いたスティックの上を横向きでジャンプ

着地したら、パートナーが投げたボールをインサイドボレーでリターンする

●平行に並べた2本のスティックを使って行うドリル

　選手Aはスティックの上を跳び越え、着地したらすぐに選手Bからパスされた（または手で投げられた）ボールに対し、以下のドリルを行なう。

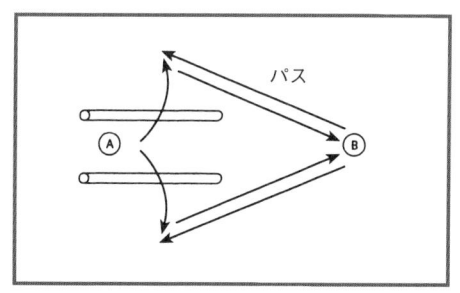

平行に縦に2本並べたスティックを横向きにジャンプで移動

スティックの外に出たらジャンプヘッドでパートナーへリターン

ドリル
1. ゴロのパスで返す。
2. 浮いたパスで返す。
3. ヘディングで返す（スタンディングの状態で）。
4. ジャンプヘッドで返す。

パートナーが投げた浮き球を右足のインサイドボレーでリターン

次に左足でリターン

●フープを跳び越える動きと課題を組み合わせる

選手Aは、フープの上を一定のリズムで跳び越えたら、次の課題（たとえば選手Bからのパスをリターンする）にすぐに移動する。

フープの列を操り人形の動きで進む

フープをクリアしたらパートナーからのパスをリターン

❷グループでヘディングのトレーニング

選手Aは、ボールを持ってゴールの前に立つ。選手BとCの2人は、フープの後ろに並ぶ。選手Aはフープとスティックの課題を終えて走ってきた選手Bにボールを投げ、選手Bはゴールめがけてヘディングをする。続いて、選手BはAと交代する。選手Bは、選手Cがくるのを待ち、選手Cがきたらボールを投げる。

Ⅱ 技術的な要素を取り入れたコーディネーショントレーニング

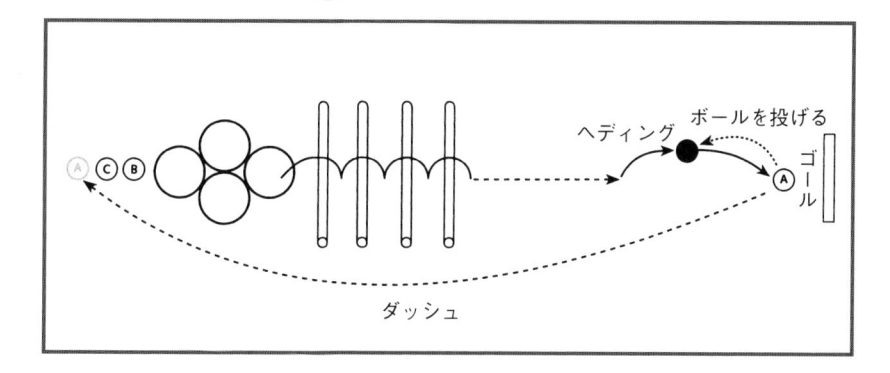

❸グループに分かれて２回連続パス

　選手Ａは、スティックの課題をクリアした後、選手Ｂにパスをもらったらすぐに選手Ｂにパスをして、再び選手Ｂからのリターンパスをもらう。リターンパスをもらったら、選手Ｃ（ゴールキーパー）のいるゴールに向かってシュートする。

　シュートし終わったら、今度は選手Ａが選手Ｃに代わってゴールキーパーの位置に入る。続いて、選手Ｂがスティックの手前のスタート地点に移動する。このようにローテーションすることで、トレーニングの待ち時間を減らすことができる。

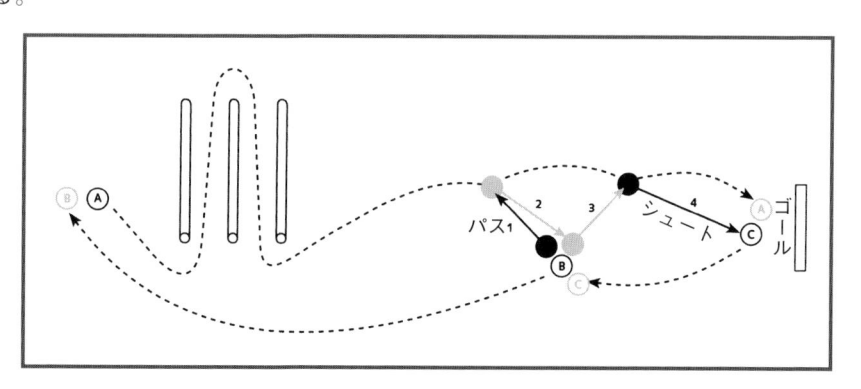

❹複数のセットを組んでグループで行うトレーニング

　スティックの上を跳び越えて進んでいく動きと、ボールコントロールを組み合わせ、またいくつかの課題を交互に行うことによって、次のようなトレーニングを行う。

　まず２つのグループに分かれる。グループＢの選手は、スティックの上を跳び越えて進むグループＡの選手にボールを投げたり、逆に投げ返されたボールを受

け取り、Aの選手の1人がある地点での課題を終えたら、次のAの選手がくるのを待つ。

　このトレーニングで選手が行う課題は、サイドステップ、クロスステップ、ジャックナイフ、スラロームダッシュなどで、スティックごとにステップを変える。スティック、またはフープの間隔は、グループの大きさによって変える。また、ゴロでパスをしたら、次の地点ではジャンプヘッドや腰を回転させて行うボレーキックでリターンするというように、徐々に難度を上げていく。パスをする側の選手は、パスを受ける選手の能力を考慮して、適度な強さのパスを送る。

　予定の時間が過ぎたら（10〜15分）グループAとグループBのポジションを変える。グループBは、グループAがパスを出すポジションに移動している間に、スタート地点に移動する。

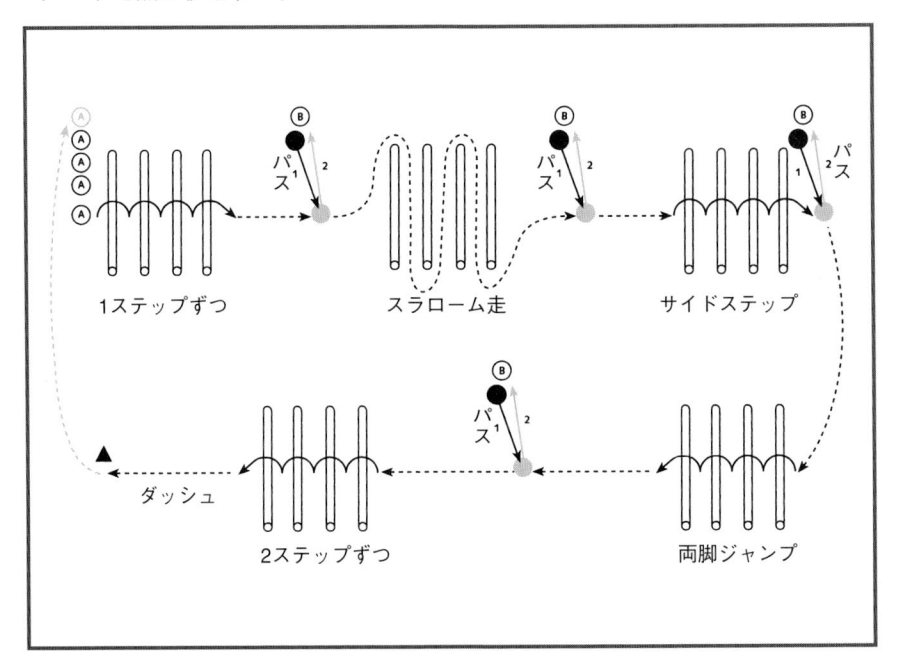

バリエーション

　このトレーニングは、ゴールを置いて行うこともできる。

❺複合トレーニング

●パスを取り入れたコーディネーショントレーニング

　図に示してあるように、一定時間内に選手は2つのコーンの間の障害物をすばやくクリアし、ダイレクトでパスをつなぎ、さらに続く障害物を走り抜ける。このトレーニングでは、さまざまな障害物を用いるが、コーチは課題の難度をたえずチェックし、選手の能力にふさわしいプレッシャーがかけられているか注意しなければならない。

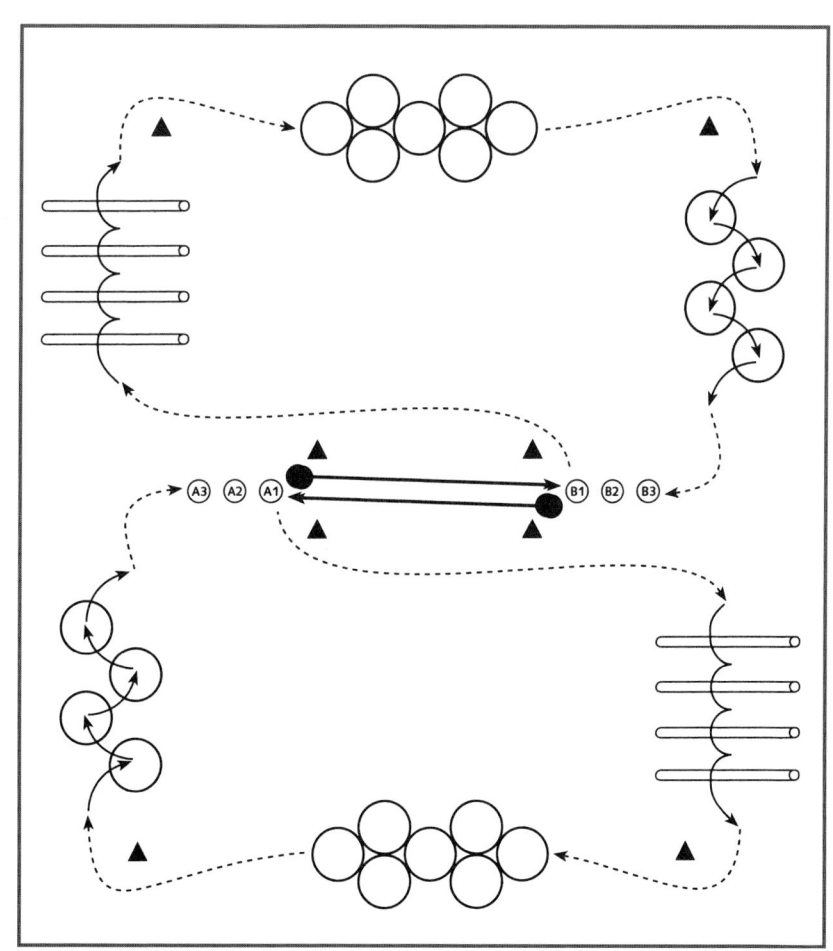

●複合トレーニング

　中央の4本のスティックサークル（それぞれのスティックの角度を90度に設定した場合）を2人が同じタイミングで通過したら、続いてゴールの前でたとえ

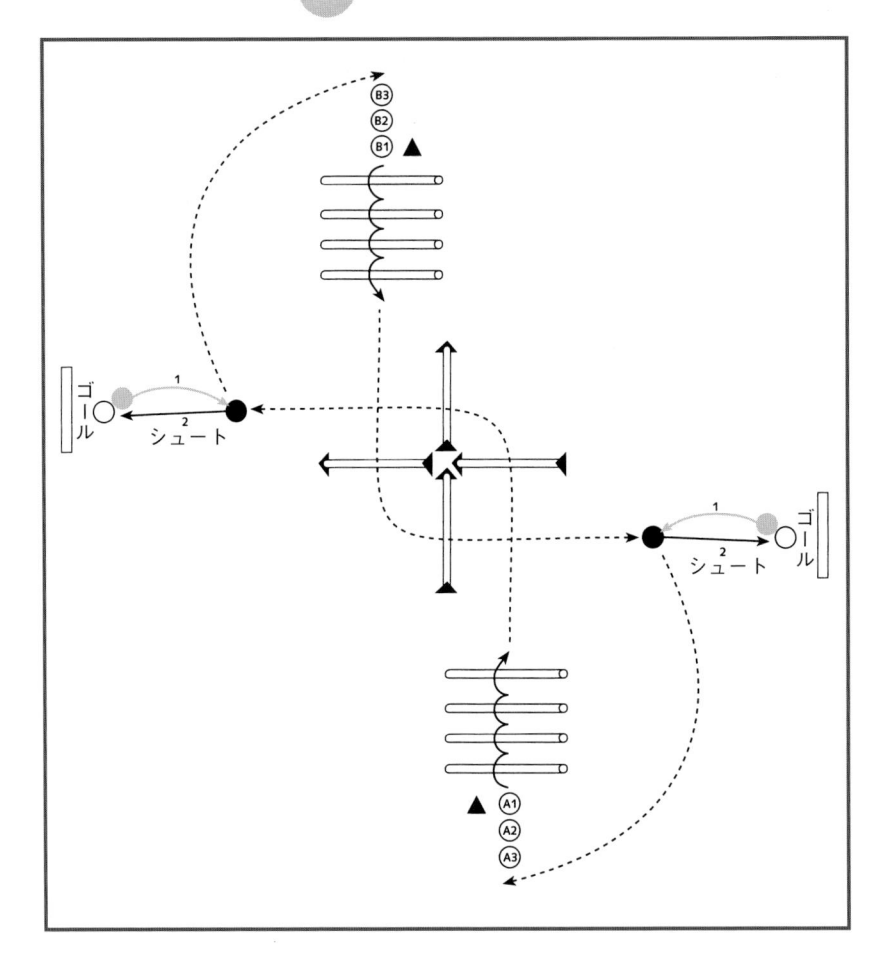

ばパス、ヘディング、シュートなどの課題を行い、それが終わったら、次の順番に備えて向かい側のグループの後ろに並ぶ。また、ここでシュートトレーニングを行うのであればゴールキーパーがゴールに入るようにし、パス練習を行うのであればパスを返す選手がゴールの前に立つようにする。そうすることで、パスミスをしてもボールを取りに行く手間を省くことができる。

ドリル
1. スティック間で2回ずつステップをしながら走る。
2. 膝を胸につけるようにジャンプしながら前方へ進む（両脚、または片脚で）。
3. スティック間で2回ずつステップをしながら後ろ向きで走る。
4. 横向きになってスキップで進む。

バリエーション
(1) 同じタイミングでスタートした2人の選手が、同時に中央に設定されたスティックサークルを、ジャンプまたはダッシュで跳び越えて90度、あるいは270度ターンする。

Ⅱ　技術的な要素を取り入れたコーディネーショントレーニング

中央のスティックサークルを 2 人同時に回る

(2)中央に設置してあるスティックサークルでの課題を終えたら、すぐにゴールの方へ移動し、シュートやダイビングヘッドでゴールを狙う。

III コーディネーションの要素を取り入れた技術トレーニング

ここではさまざまな条件を設定して、サッカーの技術を効果的に習得するためのコーディネーショントレーニングを行う。実際のトレーニングでは、バランス感覚やボールをコントロールする感覚を養うだけでなく、パスやヘディングの感覚も磨くことになる。

1 バランスと身体のコントロール

ジャンプやターンをしたり、相手選手の激しい妨害を受けたりした場合には、すばやくバランスをとって体勢を整えなければならない。このように動きながらや止まった状態でのバランス感覚は、サッカー選手にとって非常に重要なものである。こうしたバランス感覚が優れていると、ゲーム中にボールがどこにあっても、ボールに対してつねにいい体の向きを保つことが可能で、ボールとフィールドにいる選手を同時に視野に入れながら自分のいる位置を正確に把握し、いいポジションをとることもできる。さらにジャンプやターンをした後でも、すばやく体勢を整え、シュートを打つことが可能となる。

具体的な例をあげれば、優れた選手は、バランスが崩れそうな状態でも、自分の身体を思い通りに動かすことができるし、かりに相手選手からの激しい妨害を受けても、バランスをうまくとってそれに対応し、いいプレーに結びつけることができる。そのためにも、練習では意識的にいろいろな妨害をしてもらいながらトレーニングすることで、実際のゲームでも相手選手の激しいプレッシャーに耐

えることができるようになる。

トレーニングにあたっては、以下の点に留意する。
- 主に、足（インサイド、アウトサイド、インステップなど）を用いて行う。
- 身体をターンさせたり、ジャンプしたりしながら行う。

2 ボディープレッシャー

たとえばトラップのトレーニングを行う際、写真のように後ろから押したり、引っ張ったりといった、さまざまな妨害を受けながらトラップを行う。こうした訓練によって、相手選手の激しいマークにあいながらも、崩れた姿勢をすばやく立て直し、うまくバランスをとりながらプレーを続けることができるようになる。

トラップの瞬間に後ろから妨害する 　　　ボレーの瞬間に後ろから妨害する

●パートナーとボールを運ぶ

写真のように、パートナーと並んで、お互いのボールを交換しながら進む。こ

お互いのボールを手で投げて交換しながら、かかとをおしりにつけるようにして2人で走る

のときに、かかとをおしりにつけるようにして走る。ここで気をつけることは、走るスピードを一定に保ち、パートナーとうまく動きを合わせて、ボールを落とさないように進むことである。

3 ボール感覚

❶ボールリフティング

ボールリフティングによって、サッカー選手にとって非常に重要なボール感覚を身につけることができる。また、初心者でも、短期間で正確なボールコントロールを身につけたり、ボール感覚を発達させることができる。

◇ステップ1

ボールを少しだけ上に投げ上げて、足の甲でタッチし、再び手でボールをキャッチする（その他にも、ふとももで、または頭で）。ここで大切なことは、ボールにタッチする瞬間に、足の筋肉への力の入れ具合をうまく調節するということである。

◇ステップ2
(1)ボールを投げ上げる→足の甲でタッチ→ふとももでタッチ→両手でキャッチ
(2)ボールを投げ上げる→ふとももでタッチ→足の甲でタッチ→両手でキャッチ

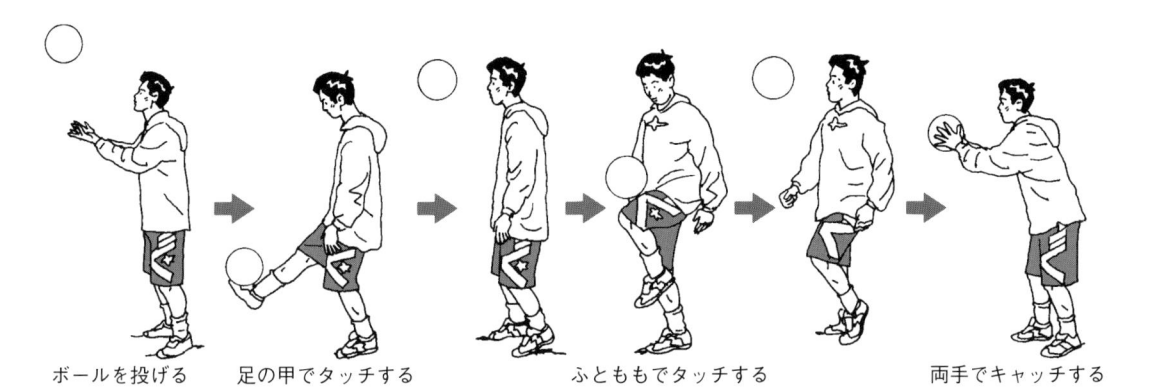

ボールを投げる　足の甲でタッチする　ふとももでタッチする　両手でキャッチする

◇ステップ3
　ボールをさらに高く上に投げてステップ1・2を繰り返し行う。
◇ステップ4
　できるだけボールを地面に落とさないようにリフティングを続ける。ボールが地面に落ちても、バウンドしたボールに身体をうまく対応させて、再びリフティングを続ける。
◇ステップ5
　たとえば、「足の甲でタッチ→地面にバウンドさせる→ふとももでタッチ→地面にバウンドさせる」というように、ボールタッチと地面へのバウンドをリズムよく交互に行う。

※この段階ではかなりの集中力が要求される。

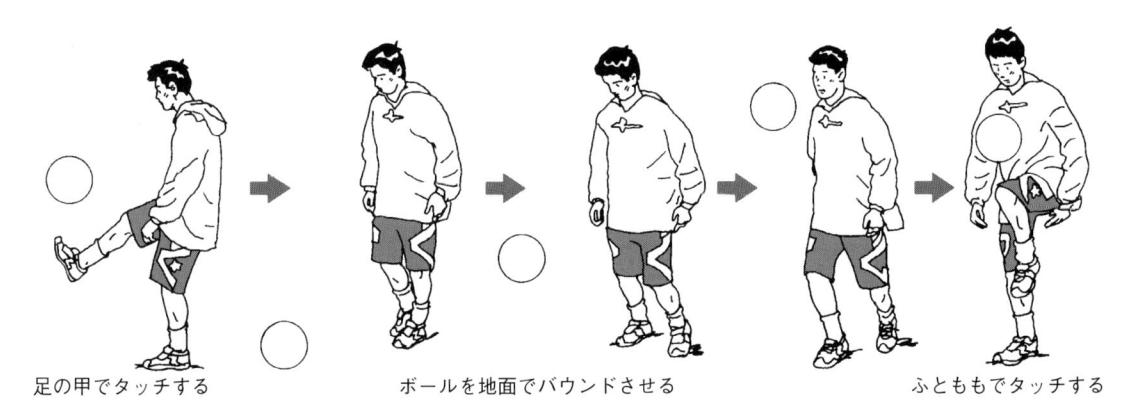

足の甲でタッチする　ボールを地面でバウンドさせる　ふとももでタッチする

◇ステップ6

地面に落とさずにボールリフティングを続ける。

> **バリエーション**
> リフティングは、2人組やグループで行うこともできる。ボールを受け取り、何度かボールをリフトしたら、他の選手にボールを渡す。また、ボールを上に高く上げて（トラップなしで）ダイレクトにボールを回すこともできる。

❷複数のボールを使ったトレーニング

ボールを使ったトレーニングドリルに慣れてきたら、次のステップへと進む。ここでは、2～3個のボールを用いて、1人あるいはパートナーと組んでドリルを行う。

●2つのボールを使って行うドリブル

2つのボールをコントロールしながら、すでに身につけているテクニックを使いこなしてドリブルを行うが、このように2つの課題（ドリブルと2つのボールをコントロールすること）が与えられることによってトレーニングの難度を上げることができる。

このトレーニングでは、区切られたグリッドの中でボールをコントロールするだけでなく、ボールが1個のときと同じように、2個のボールをうまくコントロールできなければならない。慣れてきたら、ボールがグリッドの外に出ないように注意して、ドリブルのテンポを少しずつ上げていくようにする。

ボールを2つ使ってドリブルする

バリエーション
(1) 大きさ、重さの異なる2個のボールを用いて行う。
(2) 3個のボールで行う。

●2つのボールを同時にコントロール

選手は、写真のように脚でボールをコントロールすると同時に、手に持っているもう1個のボールを、上に投げ上げながら一定のリズムで進む。

脚でボールをコントロールしながら、手に持ったボールを投げ上げながら進む

●2つのボールを使って脚のドリブルと手のドリブルを組み合わせる

選手は一方のボールを手でドリブルしながら、もう一方のボールを脚でドリブルして進む。この脚と手を同時に使うドリルとしては、さまざまな方法が考えられる。

ハンドドリブルしながら、もう一方のボールを脚でドリブルして進む

●足の裏でボールをバウンドさせる

足の裏でボールをバウンドさせながら進む。そのときに、右足・左足と交互に行うようにする。

バリエーション

足の裏でボールをバウンドさせながら、手に持っているボールをコントロールして進む。

足の裏でボールを地面にバウンドさせる

足の裏でボールを地面にバウンドさせながら、手に持っているボールを上に投げる

ドリル
1. 一定のリズムでボールコントロールする。
2. 能力の高い選手は、一方のボールを脚で、そしてもう一方のボールを手でドリブルしながら、または上に投げながら一定のリズムで進む。

●ボールを上に高く投げながら、もう一方のボールをパートナーと交換する

このトレーニングでは、ゴールキーパーだけでなく、フィールドプレーヤーにとっても必要なコーディネーション能力を向上させることができる。

このトレーニングでは、パートナーと2人1組になり、ボールを投げて交換しながら、もう片方の手でそれぞれボールを持って真上に投げるようにする。このときに、真上にボールを投げる動きと、前にいるパートナーに向かってボールを投げる動きをうまく組み合わせながら、ひとつひとつの動作を集中して行う。また、ボールをさらに高く投げることで難度を上げたり、右手だけでなく左手も使いながらボールの交換を行う。

Ⅲ　コーディネーションの要素を取り入れた技術トレーニング

左の選手は左手のボールを上に投げたらすぐに、右手のボールをパートナーに投げる

右の選手は右手のボールを上に投げ、ボールが浮いている間にパートナーが投げたボールを受け取る

●2つのボールを使ってパートナーと行うその他のトレーニング

選手Aはボールを両手で持ち、選手Bは選手Aにゴロのパスをする。選手Bが選手Aにパスをしたらすぐに、選手Aはボールを真上に投げ上げて、その間に選手Bに脚でボールをリターンし、落ちてきたボールを再び両手でキャッチする。何度も繰り返してトレーニングするなかで、両選手が適度なテンポでパスを行える距離と、ボールを投げ上げる高さをさぐっていく。

左の選手は両手でボールを上に投げ、ボールが浮いている間に、パートナーのパスを受け取る

右の選手はボールを上に投げ上げ、ボールが浮いている間にパートナーが投げたボールをヘディングでリターンしたら、投げたボールをキャッチする

バリエーション

(1) 上の例で行ったパス交換を、たとえばパートナーが投げたボールをヘディングで返す、というように変えることもできる。このトレーニングは一見簡単そうだが、ボールを真上に投げてキャッチする動きにばかりに意識を向けていると、ヘディングがうまくいかなくなるので注意が必要である。

(2) リフティングしたり、手でボールをバウンドさせながら、3つ目のボールを2人で投げ合ってもよい。

ここで紹介したトレーニングは、あくまで基本的なものである。このほかにも、コーチはすでに選手たちが身につけている数多くの技術を取り入れて、さらに難度を上げていくようにする。

❸いろいろな形状のボールを使って行うトレーニング

優れたボール感覚や、パスの強弱を身につけるために、いろいろな形状のボール――大きさ、重さ、弾み具合の違うボールを使ってトレーニングを行う。このトレーニングでは、それぞれのボールに応じて力の入れ具合を調節しなければいけない。

いろいろな形状のボール：左から、バレーボール、サッカーボール、バランスボール、ハンドボール、ミニサッカーボール（フットサル用のボールなど）

いろいろな形状のボールで次のようなトレーニングを行う。
1. ヘディング
2. パス
   ――ゴロのパス。
   ――インサイドでボレーキック。
3. 腰を回転させながらのシュート。
4. 胸でトラップした後にパス。

●いろいろな形状のボールを使ってパス

それぞれの選手に、いろいろな形状のボール（大きなサッカーボール、小さなサッカーボール、水球のボール、テニスボール、ソフトボール）を用意する。パートナーといろいろな技術を使ってのパス交換かハンドパスを行い、重さ・大きさの異なるボールにうまく対応していくようにする。また、ボールをトラップした後で、すぐにパス交換をする。

ドリル

1. パス
   ――手でボールを投げ渡す。
   ――ゴロでパス。
   ――1球目を手で投げてから脚でのパスをスタート。
2. トラップ
   ――インサイドでトラップ。
   ――インステップでトラップ。
   ――胸でトラップ。
   ――肩でトラップ。

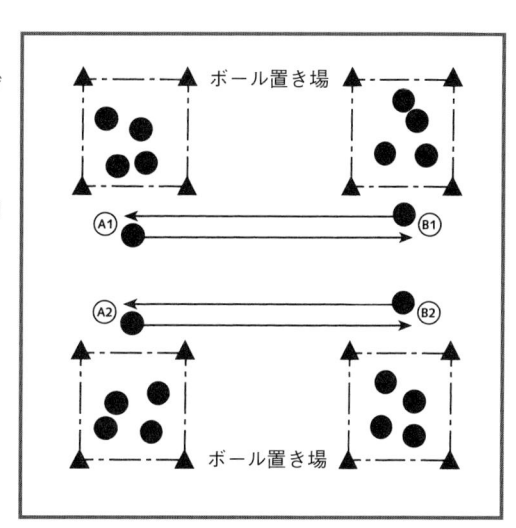

バリエーション

4つのグループに分かれて行う。図のように、B1が投げたボールをB2がトラップし、A1にパスする。ボールを受け取ったA1はトラップしたらすぐにA2にパスをし、ボールを受け取ったA2はB1にパスする。この動きを繰り返す。

次にパスを受ける選手は、パスをもらう前に、相手選手のマークを外すように動く。さらにトラップした後に、ボールをスペースに動かしてからパスする。ここではスムーズにパス交換が行えるようにする。

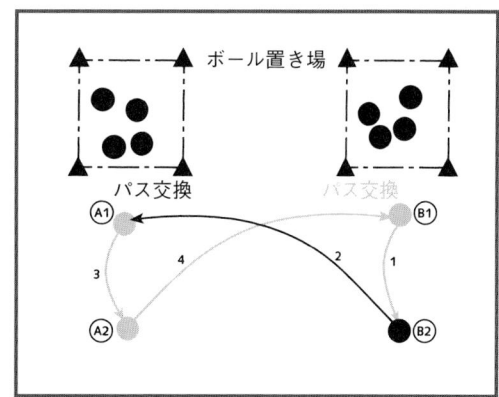

テニスボールをトラップ　　　　　　バレーボールをヘディング

●3人のグループでパス交換

選手Cに対して、まず選手Aはソフトボールを投げ、続いて選手Bはサッカーボールを投げる。それに対して選手Cは、選手Aと選手Bにダイレクトでパスを返す（このときに脚で、またはヘディングで返す）。

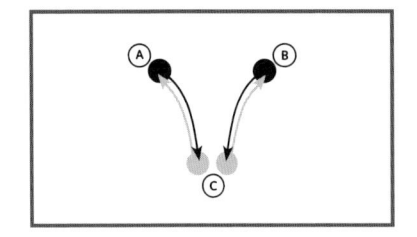

インサイドボレーでリターン

バリエーション

(1) 3人が図のように位置する。選手Cは、ボールを受け取り、さらにパスを返すごとに90度身体を回転させて次のプレーを行う（写真の例：手で投げられたボールをヘディングで返す）。選手Cに対してパスを行う2人の選手は、パスするボールの高さを変えたり、リターンされたボールを受け取るポイントを指示する。

※このトレーニングでも、選手はいろいろな種類のボールを使う。

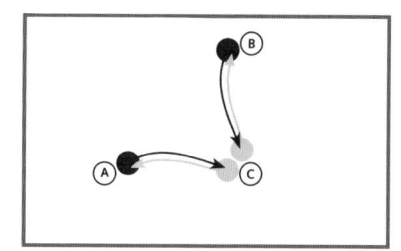

Ⅲ　コーディネーションの要素を取り入れた技術トレーニング　　**113**

選手Bが投げたボールをヘディングしたら、すぐに身体の向きを変えて次のヘディングの準備をする

(2)パスの方法を変えながらトレーニングを行う。選手Aはグラウンダーのパスを出し、選手Cからもグラウンダーでパスを返してもらう。一方、選手Bはボールを手で投げて、選手Cからはヘディングで返してもらう。

ポイント

　　パスをする側の2人の選手が、ボールを手で投げることで、トレーニングをよりスムーズに行うことができる。その際に、能力の高い選手は、かりに難しいパスがきたとしても、正確なボレーキックできちんと相手に返すことができる。

ドリル
1. いろいろな種類のボールを使う。
2. ジャンプヘッド。
3. 腰を回転させてキックする。

真ん中の選手はパスをリターンしたら、すぐに180度身体をターンさせ、手前の選手からのゴロのパスをリターンする

180度ターンした後のヘディング

●パスを出す側の２人の選手がそれぞれ異なる距離をとる

図のように、選手Aは選手Cに対して5mの距離をとり、選手Bは15〜20m離れる。ここでの選手Cの課題は、A・Bの両選手に対して、距離の違いを頭に入れながら、正確で適度な強さのボールを返すことである。

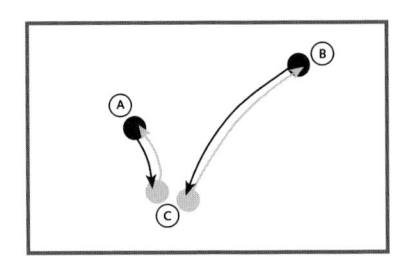

バリエーション

たとえば、パスを出す側の選手AとBはつねにポジションを変えるようにする。そうすることで選手Cは、選手AとBの動きにうまく対応して、つねに異なる方向にパスしなければならなくなる。

●パスの強さをコントロールする

このトレーニングでは、図のような配置の中で、パスの強弱の感覚を養う。ここでのパスの強さは、弱すぎても強すぎてもいけない。

連続したスティックのゾーンと、それに続くドリブルのゾーンとを組み合わせ

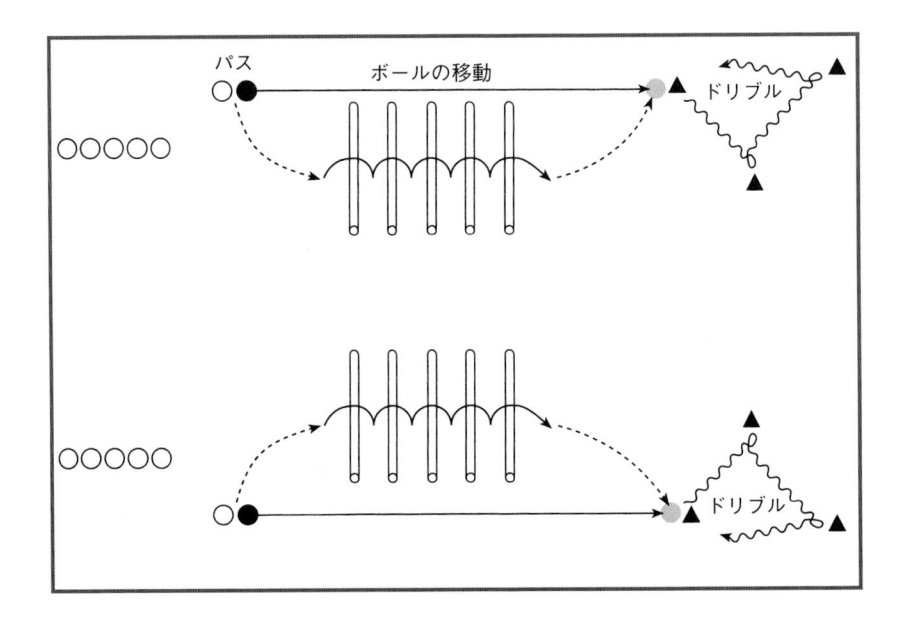

Ⅲ　コーディネーションの要素を取り入れた技術トレーニング

ボールを蹴るのと同時に、スティックの列にダッシュで向かう

移動しているボールを視野に入れながら、すばやくスティックの列を移動する

最初に蹴ったボールを拾い、コーンからコーンへとドリブルで進む

て、図のようにスティックとコーンを配置する。選手は、コーンを狙ってボールを蹴ったら、すぐにスティックの上をジャンプで進む。1つ目のコーンの手前でボールをトラップし、すぐに方向を変えて、残りのコーンに向かってドリブルする。

　1つ目のコーンまでの距離は、選手の年齢と能力に応じて変えるようにする。

4 時間のプレッシャー

　現代のサッカーでは、相手選手からの激しいプレッシャーや限られたスペースの中でのプレー、ゲーム展開の速さなどから時間的に制約を受けた状態でのプレーが要求される。つまり、ボールをゆっくりとコントロールしたり、身体を休ませたり、状況をじっくり判断する時間がほとんどないのである。さらに試合の流れが速くなるにつれて、動きや判断のスピードも上げなければならない。

　こうした事情を受けて、ここでのトレーニングでは、種々の時間的制約を加えることによって、実際のゲームで選手を苦しめるさまざまなストレスやプレッシャーを克服することを目的としている。トレーニングの例としては、グループどうしで競争したり、前にいる選手を追いかけながらプレーするなどがある。

❶グループでの競争

　グループで競争することで、楽しみながらトレーニングすることができるが、その一方で非常に高い集中力が要求される。また、競争という要素を取り入れることで、実際のゲームで選手が経験するプレッシャーを、意図的にかけることができる。

●ドリブル対リフティング

　まず図のように2つのグループに分ける。グループAはコーンの周りをドリブルし、グループBはボールリフティングを行う。グループAの選手がコーンの周りを速くドリブルすればするほど、もう一方のグループBの選手がボールをコントロールする時間は短くなる。

　グループBは、審判をつけてリフティングの回数をカウントしてもらう。一方、グループAは、コーンで区切られたグリッド(三角形、四角形など)の周りをできるだけ速くドリブルする。グループAの選手全員がドリブルを終えたら、審判がグループBのリフティングの数を数える。3セット行ったらドリブルとリフティングを交代する。このトレーニングでは、リフティングを多く行った方のチームの勝ちとする。

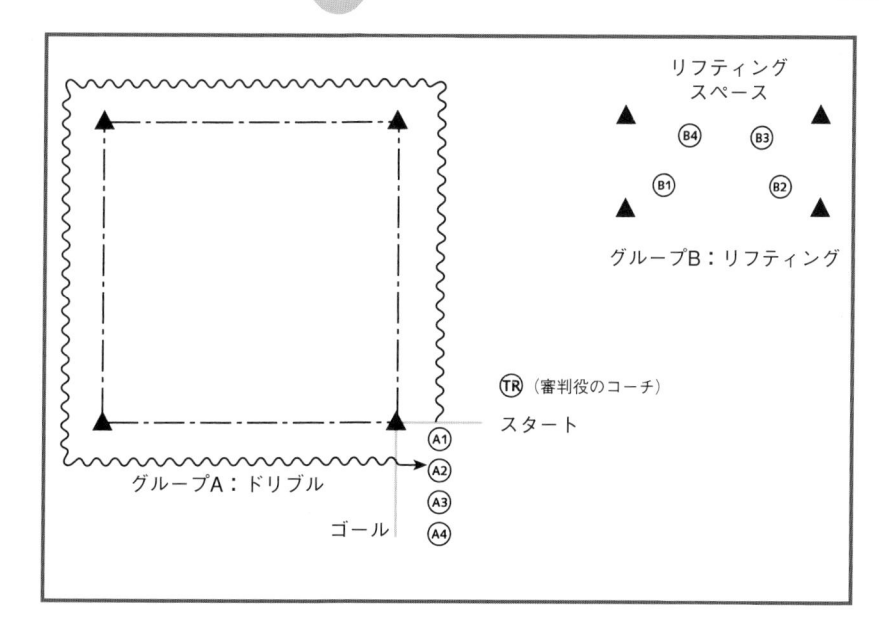

III　コーディネーションの要素を取り入れた技術トレーニング

■ ポイント

　　リフティングを行う側の選手（数を数える審判がいる場合は、メンバー全員でリフティングを行う）は、足（インステップ、インサイド、アウトサイドなど）、ふともも、頭などでリフティングを行う。ここでは、ボールを地面に落としても、カウントをリセットしないで続ける。ただし、手でボールに触ることはできない。

■ バリエーション

(1)ゴールまでの通り道を、たとえばスラロームにしたり、途中に壁を設置しておいて壁パスを行ったり、ハードルを置いてその上をジャンプしながら進むというようにドリブル側の課題を難しくしていく。

(2)グループＢの課題は、ゴールへのシュートをカウントする、というように変えてもよい。

●ドリブル対ダイレクトパス

ここでも、グループAとグループBに別れて、図のようにそれぞれ異なる課題を設定して、グループごとに競い合う。

グループAは図のように、ランダムに配置されたコーンの周りをドリブルし、グループBは、2つのコーンの間でダイレクトパスの交換を行う。ここでも、ドリブルの課題を行っている選手が全員ゴールしたら、審判はもう一方のグループのパスの数をカウントする。

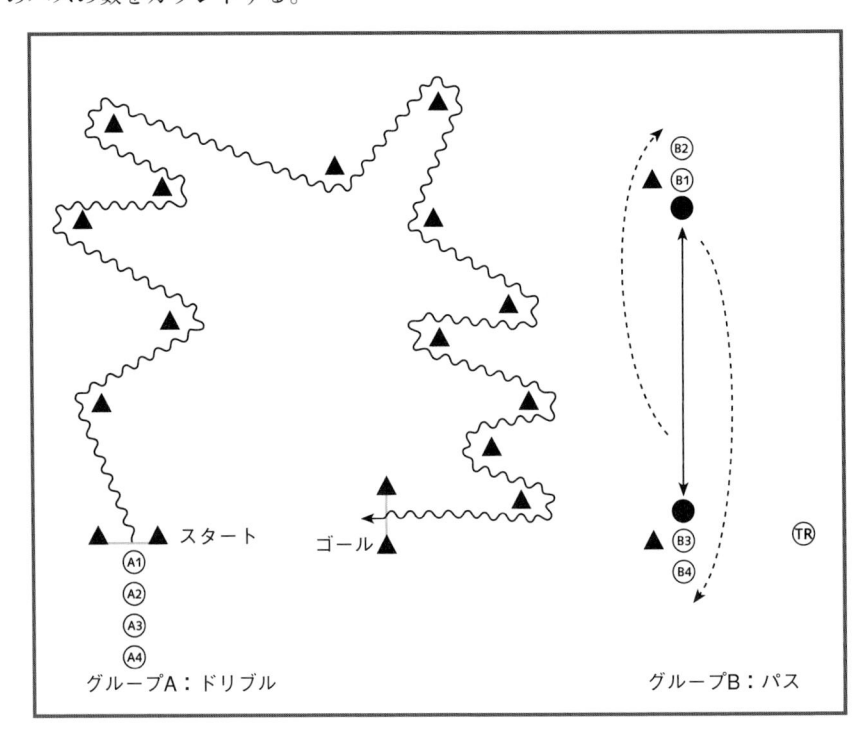

グループA：ドリブル　　　　　グループB：パス

❷パートナーとの競争

選手は、コーンで設定してある図のようなコースをできるだけすばやくドリブルでクリアする。

右の図のトレーニングは、選手Bが選手Aを追いかけ、選手Aがゴールする前に選手Bが追いついたら、追いかける方の選手（この場合は選手B）の勝ちとなる。逆側から戻るときは、追いかける方と追いかけられる方の役割を交代する。ミスしてコーンをとばしてしまったら、選手Bの勝ちとする。

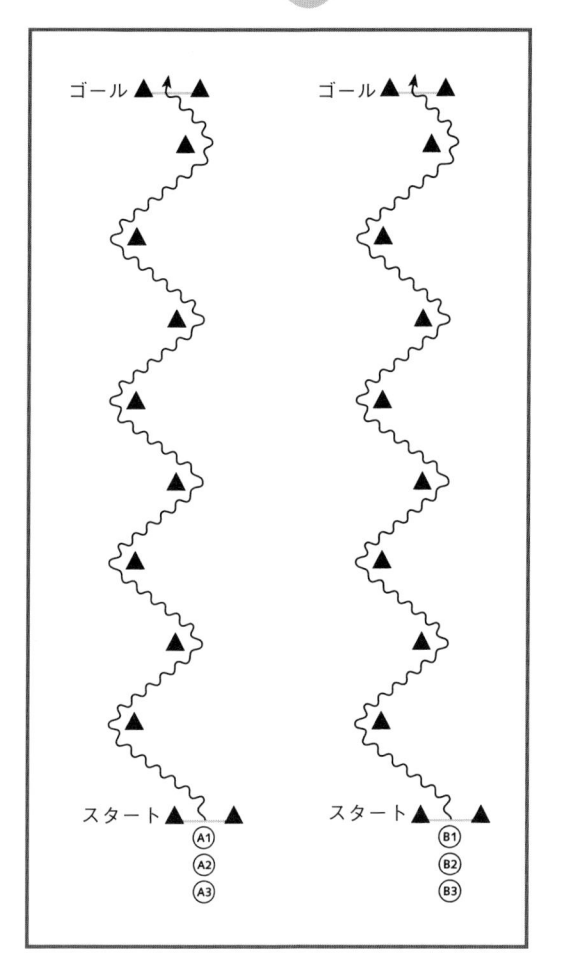

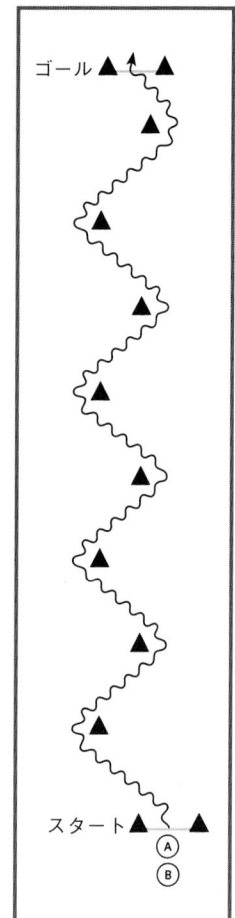

❸ 2つの課題を設定して行うトレーニング

　競争しながら行うトレーニングは、ジュニア選手には非常に効果的である。また、ジュニア選手だけでなく、シニアの選手も楽しんでやることができる。同じコースを2つつくることができるのであれば、2チームに分けて競争し、負けたチームは罰ゲームを行う。

●ドリブルとキックを組み合わせたトレーニング

　このトレーニングは、図のようにドリブルしながら、途中に設置してある壁にパスをし、跳ね返ってきたボールをトラップして再びドリブルする。このように、ドリブルとパスを組み合わせた課題をこなしながら、さらにタイムランキングを

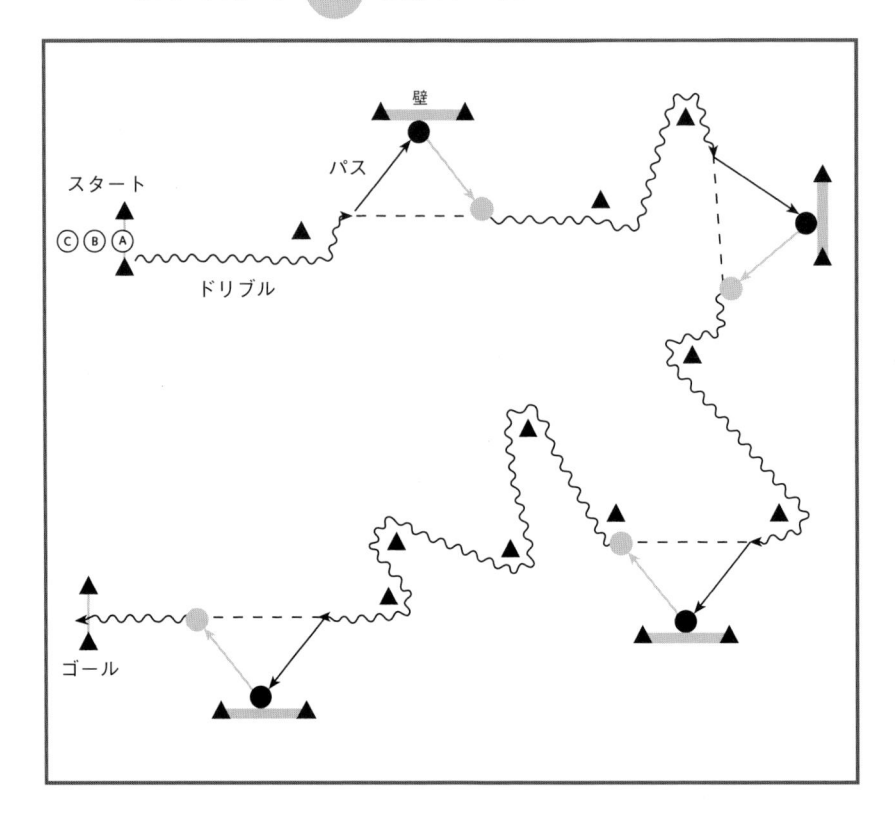

第2章　サッカーのコーディネーショントレーニング

作成することによって、選手のモチベーションを高めることができる。

ボール・コロビクス | 第3章

BALLKOROBICS
-KOORDINATIONSTRAINING MIT BALL UND MUSIK

KOORDINATIONSTRAINING FUSSBALL
DAS PETER-SCHREINER-SYSTEM
PETER SCHREINER

I ボール・コロビクスの基本的な概念

　ボール・コロビクスは、ボールを使いながらサッカーのゲームで必要とされる有酸素性の動きを行うトレーニングである。このボール・コロビクスを行うことによって、コーディネーション能力（たとえば、腕と脚のコーディネーション）やパワー（主に脚の筋力）、さらには持久力や足の器用さなどを養うことができる。
　たとえば、柔らかいタッチでうまくボールをコントロールするためには、優れたリズム感や、繊細なボール感覚が必要である。こうした感覚は、生まれてから思春期に達するまでのジュニアの時代に著しく発達する。したがって、できるだけ早い時期にこのようなコーディネーショントレーニングを行い、リズム感覚やボール感覚などを養う必要がある。
　ボール・コロビクストレーニングでは、音楽の楽しさを利用しながらサッカー

の技術を効率よく習得することができるばかりでなく、選手として必要な身体能力を発達させるのにも効果的である。また、コーディネーション能力だけを発達させるものではなく、選手の技能レベルや年齢にかかわらずに、身体能力の向上にも有効である。

❶トレーニングのポイント

　選手は音楽を聞いて感じとったリズムを、自分の動きに置き換えるようにする。次に、実際に音楽を聞きながら自分の身体を動かしてみる。正確にできるようになったら、次は腕とボールの動きを組み合わせて行う。

　ボール・コロビクストレーニングの本来の目的は、もちろんコーディネーション能力を養うことにある。しかし、そのほかにもウォーミングアップや、負荷の強いコンディショントレーニングとしても有効である。トレーニングを組み立てる際には、ステップ中心の弱い負荷の動きとジャンプなどの強めの負荷の動きをミックスするとよい。

　このトレーニングの特徴としては、以下のような点をあげることができる。

- 人数に関係なくトレーニングできる（１人で／パートナーと２人で／グループで）。
- 場所は体育館でも屋外の練習場でもよい。
- 音楽がなくてもトレーニングはできるが、音楽を使うことによって、選手のモチベーションをより一層高めることができる——使用する曲は、負荷の設定に合わせたり（例えば、負荷を強めにするのであれば、速いテンポの曲を使用する）、選手になじみの曲を選んだりするとよい。

❷ボール・コロビクスに必要な２つの要素——リズムと集中力

◇リズム

　スポーツでは、リズムは非常に重要である。たとえば、コーチが数をカウントしたり、音楽を使ったりすることで、選手はうまくリズムをつかむことができるようになることがよくある。

　はじめはコーチや音楽の助けを借りてリズムを身につけ、次第にコーチによる数のカウントや音楽がなくても、自分自身でうまくリズムにのって動けるようになる必要がある。

◇集中力

　コーチが数えている数や音楽にリズムを合わせながらさまざまな動きを行うためには、当然のことながら集中力が必要である。能力の高い選手は、音楽などのリズムをうまく自分の動きに取り入れて、腕と脚を交互に、すばやく動かすことができる。かりに肉体的に強い負荷がかかった状況でも、コーチがカウントしている数や音楽に意識を向けることで、集中力を持続させることができる。

◇腕と脚のコーディネーション

　1999年にシュマーレンベルグで行われた、ドイツサッカー連盟主催のプロサッカーコーチの国際会議では、バイアー・レバークーゼンのジュニアユースチームの選手たちが２個のボールを使ったトレーニングをデモンストレーションしてくれた。

　そのときに行ったトレーニングは、２人１組で向かい合い、脚でパス交換をしながら、同時に手でボールを投げ合うというものである。このトレーニングは、見た目にはとても簡単そうに見えたが、２人のＡ級ライセンスコーチが実際にそのトレーニングを行ってみたところ、腕と脚をうまく協調させて動かすことができなかった。このことからも明らかなように、腕と脚を同時に動かすトレーニングは、かなり高度なトレーニングなのである。

ボールコントロール

　サッカー選手は、移り変わるゲーム状況に合わせて、さまざまな複雑な動きを行わなければならない。つまり、手と脚をすばやく動かしながら、身体をうまくコントロールする必要がある。それだけでなく、走るリズムも状況に合わせて調節しなければならない。こうしたサッカー選手に必要な身体のコントロール能力を養うために、ここでは、サッカーの動きを音楽のリズムに合わせて行うトレーニングを紹介する。

❶足でのボールコントロール

　はじめの段階では、選手は15m四方のコートの中を自由に動きながら、音楽に合わせて、足でのボールコントロールを行う。その際に、ステップをしながら、またはジャンプの動き（かかとをおしりにつけるように軽くジャンプする）を入れながら行うことも可能である。

　※ジャンプの動きを入れながらのボールコントロールは負荷が高い。

■身体の動き
1. ボールを足の裏で、前に転がしたり後ろに引いたりする。
2. 足の裏で、ボールを斜めに転がす（右足、左足交互に）。
3. ボールの周りを回る。
4. ボールを円を描くように回す（右回り、または左回りで）。

第3章　ボール・コロビクス

足の裏でボールを後ろに引く

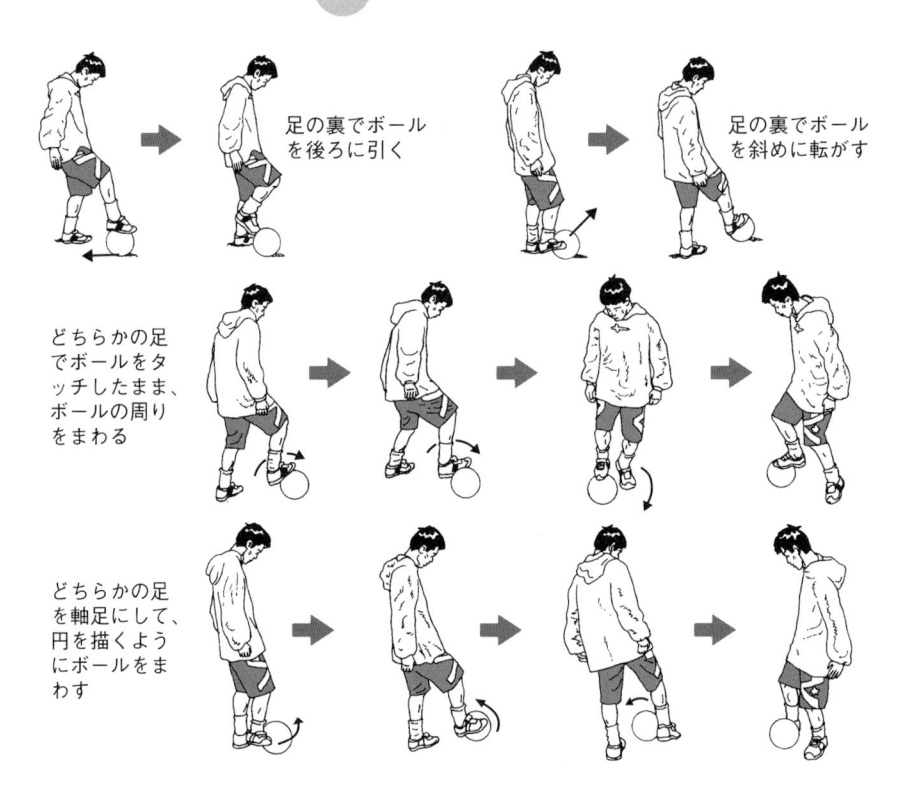

足の裏でボールを斜めに転がす

どちらかの足でボールをタッチしたまま、ボールの周りをまわる

どちらかの足を軸足にして、円を描くようにボールをまわす

❷腕の動き

　脚でボールをコントロールしながら、腕の動きを加えることもできる。こうして手と脚を同時に動かすことで、手と脚のコーディネーション能力を養うだけで

ボートを漕ぐように、両腕を伸ばしたり後ろに引いたりする

腕を真上に伸ばす

■バタフライ

羽を閉じた状態――肘を曲げて腕を顔の前に持ってくる

羽を開いた状態――肘を曲げた腕を横に開く
(※両腕の動きをつねに連動させる)

なく、上半身の筋肉を暖めることにもなる。したがって、このトレーニングをウォーミングアップで行ったり、ボール・コロビクスのトレーニングで利用することもできる。

■そのほかの腕の運動

1. 肩を引き上げる、または肩をまわす(前に／後ろに)。
2. 腕をまわす(前に／後ろに)。
3. 腕を前方に伸ばし、少し間をおいて腕を垂直に曲げる。
4. 腕を前方に伸ばし、少し間をおいて胸の方へ引き寄せる。
5. 両手を交互に、前に向かって、または下に向かってパンチを繰り出す。または、腕をクロスさせながら、両腕一緒に突きを行う(前方に／後方に)。
6. 手を握ったまま、後ろに腕を伸ばす。
7. 体側につけて伸ばした両腕を、いっきに上に伸ばす。

腕を前に伸ばす　垂直に曲げる 　腕を前方へ伸ばす　腕を引っ込める 　腕をクロスさせる

●腕まわし

脚でボールをコントロールしながら腕をまわすという動きは、非常に難しいので、まずゆっくりしたリズムからはじめる。最初は、両腕を一緒にまわす。腕を大きく動かす場合には（たとえば、クロールのような腕の動きや、手が頭を越えるくらい大きくまわすなど）、腕の動きにだけ集中できるように、脚が自然に動くようにしておく必要がある。

■後ろに腕を伸ばす

手を握ったまま、腕を曲げる（準備状態）

手を握ったまま、腕を後ろに伸ばす
（※両腕の動きをつねに連動させる）

■両腕を上下に動かす――両腕を伸ばしたまま、肩くらいの高さまで上げたり下げたりする

両腕を下におろした状態

両腕を肩くらいの高さまで上げた状態
（※両腕の動きをつねに連動させる）

❸ボールコントロール

　限られたスペースの中での、縦横の腕の動きに慣れてきたら、今度はその動きをグループで行う。ここで示すドリルは、ステップしながらどちらかの脚でボールをコントロールするというものである。たとえば、ステップをしながら右脚・左脚と交互にボールに触わったり、ジャンプしながら足の裏で交互にボールに触ったりなどがある。それから、どちらかの脚を軸にして、たとえば足の裏でボールをすばやく後ろに引いたり、ボールを足のアウトサイドで動かしたりインサイドで動かしたり、といった動きも行う。

■足の裏でのボールコントロール──後ろへの足の動き

足の裏でボールに触る

ボールから足を離して、すばやく後ろへ引く

■足の裏でのボールコントロール──横への足の動き１

足の裏でボールに触る

ボールから足を離して横に動かす（ボールが両足の間にくるように）

■足の裏でのボールコントロール──横への足の動き２

足の裏でボールに触る

ボールから足を離して、ボールが外側にくるようにすばやく足を動かす

■コンビネーション

1. 足の裏でボールにタッチ→足をすばやく後ろへ引く、タッチ→足を外側に移動させて両足の間にボールを置く。
2. タッチ→足をすばやく後ろへ引く、タッチ→足を内側に移動させてボールを足の外側に置く。
3. タッチ→足をすばやく後ろへ引く、タッチ→足を外側に移動させて両足の間にボールを置く、タッチ→足を内側に移動させてボールを外側に置く。
4. タッチ→足のアウトサイドで外側に向かって転がす、タッチ→足のインサイドで内側に向かって転がす。
5. 足の裏でボールに軽く２回触る。
    ──右足─右足、左足─左足（全力で行う）。
    ──右足─左足、右足─右足、左足─右足、左足─左足（全力で行う）
6. ボールを持って、または持たないで、腕を動かしながら、足でボールを動かす。
7. パートナーと３つのボールを使って行う──選手Ａと選手Ｂは、お互いに向かい合って立ち、ボールを使ってトレーニングを行う（ボールに触ったり、投げたり、ボールを地面にバウンドさせたりする）。

●両足の間にボールを置いた状態からスタート

写真のように、両足の間にボールを置く。次に、足の裏のつま先の部分で、右足・左足交互にボールに触る。このとき、間にステップを入れたり、ジャンプしたりしながら行う。

両足の間にボールを置いた状態

バリエーション

腕も一緒に動かしながら行う。最初はボールを使わないで腕を動かす。慣れてきたらボールを使って、腕と足を両方動かしながら行う（P.126～128の写真を参照）。

右足の裏のつま先の部分でボールに触ったら、足を地面に置く

左足の裏のつま先の部分でボールに触る

●パートナーと一緒に3つのボールを使って行う

2人の選手が向かい合って立ち、それぞれボールを1つずつ持ってボールに触る動きを同時にはじめる。続いて、ボールを脚でコントロールしながら、3つ目のボールでパス交換する（手で投げたり、地面にバウンドさせたりしてパス交換する）。

手でボールを持って行うトレーニング

　ステップを踏んだり、ジャンプしたりしながら、手でボールを動かすトレーニングを行う。動き方については、いろいろな方法が考えられる。このトレーニングでは、主に腕と脚のコーディネーション能力が要求される。

❶動きながらのトレーニング

　1人1個ずつ手にボールを持ったまま、コーチの合図でトレーニングをスタートする。選手は音楽に合わせて、コーンなどで区切られた範囲内を自由に、リズミカルに動きまわる。

　このトレーニングは、前に行った脚でボールを触りながらステップしたり、ジャンプしたりするトレーニングの後に行うことによって、疲労した筋肉をほぐすことができる。ここでは、同時に2つの課題（それぞれ異なる脚・腕の動き）を行うわけだが、腕と脚をうまく協力させて動かせなくてはならない。腕の動きが複雑になればなるほど、うまくリズムに合わせて行う必要がある。

ボールを投げ上げて、キャッチ 　　　　　　　ジョギングしながら、両手でハンドドリブル

■腕の動き

1. おなかの前で、できるだけ強くボールをプレスする。
2. 腕を伸ばしてボールを持つ→腕を曲げてボールを胸に引き寄せる。
3. ボールを両手で、頭の上で持つ→下で抱える（または右手と左手をクロスさせてボールを持つ）。
4. ボールを上に投げる→キャッチ（その際に、ボールが宙に浮いている間に、手をパチンとたたくという課題をつけ加えてもよい）。
5. 両手でボールを持ったまま、腕を前方に伸ばす→腕を垂直に曲げる。
6. 地面に対して水平に、または垂直に身体の周りでボールをまわす。
7. ボールを地面にバウンドさせる（両手で／左手だけで／右手だけで）。
8. 以上あげたいろいろなやり方を組み合わせる。

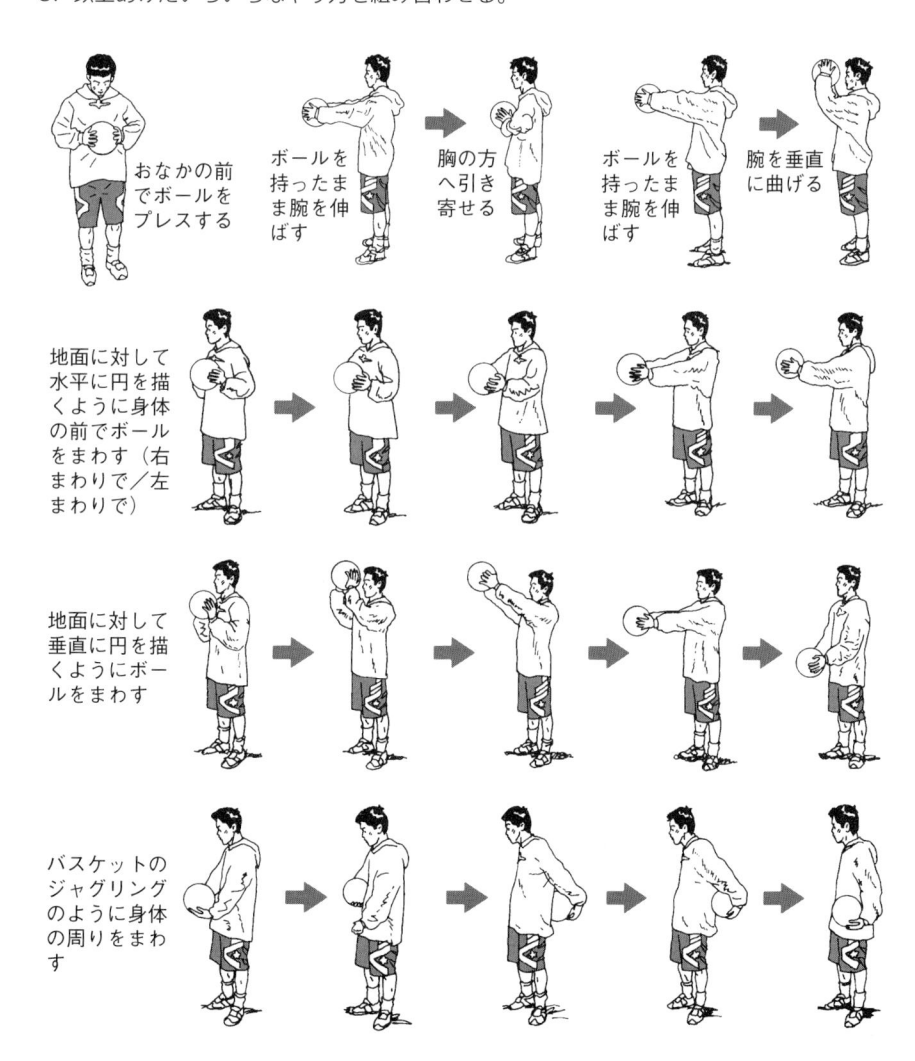

おなかの前でボールをプレスする

ボールを持ったまま腕を伸ばす → 胸の方へ引き寄せる

ボールを持ったまま腕を伸ばす → 腕を垂直に曲げる

地面に対して水平に円を描くように身体の前でボールをまわす（右まわりで／左まわりで）

地面に対して垂直に円を描くようにボールをまわす

バスケットのジャグリングのように身体の周りをまわす

●グループでフォーメーションを組んで行うトレーニング

　ジャンプしながら行うトレーニングは、疲労度が非常に大きい。したがって、コーチはジャンプしながらの激しい運動と、逆に身体をゆるめるような運動とを交互におりまぜながらトレーニングを進めるようにする。その際に、アキレス腱と膝関節への負荷がかかりすぎないように十分に気をつける。

膝を曲げながら、ボールを持った腕を上に伸ばす
（※腕と脚の動きをつねに連動させる）

●ジャンプなしで膝を上げる動きを行う

　音楽に合わせてリズミカルに、両膝を交互に上に上げる。このときに、休みなく脚の動きを行い、必ずどちらかの脚が上がっているようにする。

■膝を上げる動き
1. ボールを持たないで膝を上に上げる。
2. 両手に持ったボールを動かしながら、膝を上に上げる。
　　——肩の高さでボールを両手で持ったまま、膝を上げる。
　　——腕を前に伸ばしてボールを持ち、胸の方に引っ込めるのと同時に膝を上げる。
　　——頭の上で両手をクロスさせてボールを持ち、胸の方に引っ込めるのと同時に膝を上げる。
　　——両手でボールを持って上下に動かしながら、膝を上げる。
3. 脚を動かしながら（ステップを踏むなど）、20〜30cmくらい上にボールを投げてキャッチする。
　　——両手でボールを上に投げる。
　　——右手から左手へ、同様に左手から右手へボールを投げる。

Ⅲ　手でボールを持って行うトレーニング

　　　——ボールを投げ上げた瞬間に、パチンと手をたたいて、ボールをキャッチする。
4. 膝を上に上げながら、両手に持ったボールをふとももの方に引き寄せる。
　　　——腕を前に伸ばしたまま両手で持ったボールを、ふとももの方に持ってくる。
　　　——頭の上の方から、ふとももの方へボールを持ってくる。
5. 膝を上に引き上げながら、肩の高さからボールを下に落としてふとももの上で弾ませる。
　　　——10〜30cm以内で弾ませる。
　　　——真上ではなくて、斜めの方向へボールを弾ませる。

膝を曲げると同時に、ボールを持って上に伸ばした腕をふとももにつける

膝を曲げると同時に、ボールをふとももの上でバウンドさせる

ボールをふとももの上で、斜め方向にバウンドさせる（それに合わせて身体も移動させる）

キックの動き——ボールを投げ上げるのと同時に、キックするように脚を伸ばす

■脚の動き

1. その場でジョギング。
2. 何人かの選手とフォーメーションを組んで、前後にジョギング。
3. 対角線上でジョギング。
4. 身体を回転させながらジョギング。
5. 両脚でジャンプ。
6. キックの動き。
7. 身体をねじる。
8. レッグカール――かかとをふとももの後ろにつけるように膝を曲げる。
   ※レッグカール：大腿屈筋群（ハムストリングス）強化のためのトレーニングで、うつぶせになった状態で、膝の曲げ伸ばしを行う。マシーンを使って行うことが多い。
9. 腕を前に伸ばしたまま、両膝を曲げる。

両手を伸ばしてボールを持ったまま身体をねじる

両手を伸ばしてボールを持ったまま、レッグカールを行うように膝を曲げる

両手を伸ばしてボールを持ったまま、スクワットのときのように、膝を曲げながら上体をかがめる

■両手で持ったボールを足のインサイドに持ってくる

1. 腕を前に伸ばして、持っているボールをインサイドに持ってくる。
2. 頭上に持ち上げたボールを、インサイドに持ってくる。

Ⅲ　手でボールを持って行うトレーニング

両腕を伸ばしたまま持ったボールを、足のインサイドにつける

■**両手で持ったボールを、足のインステップに持ってくる**
1. 腕を前に伸ばして持っているボールを、インステップに持ってくる。
2. 頭上に持ち上げたボールを、インステップに持ってくる。
3. 腕に持っているボールをインステップで軽く蹴り上げて、再び手でキャッチする。

両腕を伸ばしたまま持ったボールを、足のインステップにつける

●ジャンプしながら膝を持ち上げる

ここでは左右の脚で交互にジャンプしながら、膝を上に上げる。この動きは、たいていの初心者には難しいはずである。しかし、音楽を流しながら行うことによって、楽しみながらトレーニングすることができる。

コーチはトレーニングの内容に応じて、負荷の高い運動と、比較的負荷の少ない運動とをおりまぜるようにする。高い負荷をかけたトレーニングを行った後には、必ず、ふくらはぎやすねの筋肉、また場合によっては脚全体のストレッチを十分に行う。

膝を曲げると同時に、ボールを持っている手を上に伸ばす

●ジャック

前にも紹介したが、このジャックというのは、ジャンプしないで、脚をすばやく開いたり閉じたりする、操り人形の動きの名称である。

ドリル

■ボールの動かし方

両手で持ったボールを
- 下から上に動かす。
- 上から下に動かす。
- 前から後ろに動かす。
- 頭の高さに投げ、両手でキャッチ。
- 地面にバウンドさせ、両手でキャッチ。

操り人形の動きをしながら、地面にボールをバウンドさせる

❷コンビネーション

　ジャックの動きとボールを用いた動きの組み合わせは、その他にもいろいろなやり方が考えられる。手と脚の動きを連動させながらリズミカルに動けるようになったら、次のステップとして、たとえば以下のようなドリルを行い、少しずつ難度を上げていく。

ドリル　ボールを持ったまま行う。前進しながら膝を上に持ち上げる動きを4回繰り返す→その場でジャック（操り人形の動き）を4回行う、バックしながら膝を上に持ち上げる動きを4回繰り返す→その場でジャックを4回行う。

　ここで述べたドリル以外のさまざまな腕とボールの動きを組み合わせることで、新たなボール・コロビクスのドリルを生み出すことができる。

●ジャックの動き（同じ動きを2回ずつ行う）

　脚を開いたり閉じたりする動きに合わせてボールを持っている腕を動かす。たとえば、下に示した例の「下、下→上、上」（ボールを持った腕の位置を示したもの）の場合には、〈脚を開く・手は下〉、〈脚を閉じる・手は下〉→〈脚を開く・手は上〉、〈脚を閉じる・手は上〉というように行う。

ドリル
1. 下、下→上、上
2. 前、前→後ろ、後ろ
3. 上、上→下、下
4. バウンド、バウンド（ここでは脚を開いているときはバウンドさせない）

●コンビネーション

　以上で述べた、ボールを手に持って行うトレーニングは、その他のいろいろな動きと組み合わせて行うこともできる。

ドリル
1. 立ったまま行う（最初に紹介した通常のやり方）。
2. 身体を回転させながら行う。
3. グループでフォーメーションを組んで、前後に動きながら行う。
4. 対角線上に動く（斜め前、または斜め後ろに）。

❸パートナーまたはグループで行うトレーニング

とくに子どもを対象としたトレーニングでは、パートナーと行うのが非常に効果的である。

2人の選手が、2mくらい離れて、前後に向かい合って行うか、またはコーチの合図した方向へ進みながら行う。

音楽に合わせて、パートナーと行う

■脚の動かし方
1. ジョギング
2. ジャンプ
3. ジャンプしながら膝を持ち上げる。
4. 小刻みステップ
5. キックの動きをしながら。
6. ジャックの動き（ジャンプしない操り人形の動き）。

選手は、音楽にのってリズミカルに動きながら、両手を一緒に動かして、以下のようなドリルを行う。

●1つのボールを使ったトレーニング

操り人形（脚を開きながら1歩前に出て、後ろにさがりながら脚を閉じる）を行う。

Ⅲ　手でボールを持って行うトレーニング

ドリル
1. 選手Aが両手でボールを持って、両脚を開きながら1歩前へ出る。選手Bは、写真のように、そのつど選手Aが持っているボールに触る。選手Aも選手Bがボールに触ったら、すぐにボールを持っている腕を引っ込める。
2. 選手Aが脚を開きながら前へ出るときに、選手Bがボールを受け取り、下がりながら脚を閉じて、受け取ったボールを引っ込める。そして、次に前に出るときに再びAにボールを渡す。
3. 選手Aが両脚を開きながら前へ出るときに、地面と平行になるようにボールを投げ、ボールを受け取った選手Bは、次に前に出るときに同じようにボールを投げる。
4. 選手Aが両脚を開きながら前へ出るときに、ボールを地面（2人の選手の中間）に向かって投げ、ワンバウンドでパートナーに渡す。

操り人形の動きのなかで、両脚を開くと同時に、2人でボールに触る

操り人形の動きの中で、両脚を開くと同時に、手に持った地面にボールをバウンドさせてパートナーにパスする

●キックの動き

　写真のように腕の動きに合わせて（たとえばボールを投げる動き）キックの動きを行い、続いて脚を引っ込める。このトレーニングは、音楽のリズムに合わせて行うこともできる。また、繰り返しになるが、このトレーニングでも、腕と脚がうまく協調しながら動いているかどうかが重要となる。

■手でボールを投げると同時に、キックするように脚を伸ばす

パスする直前

ボールを投げると同時に、キックの動きをする

●ボールをパートナーに渡し後ろにさがる

ボールをパートナーに渡しながら（たとえばボールを投げたり、地面でバウンドさせたりして渡す）、エアロビクスのステップ（両脚交互に軽くジャンプする動き）を行う。また、後ろにさがるときのステップを横向きに行ったり、または180度ターンしてもよい（お互いに背中を向け合うように）。

■脚を前に1歩踏み出すと同時に、2人でボールに触る

準備状態

脚を踏み出して、2人でボールに触る

●3つのボール使って行うトレーニング

写真のように、自分のボールを足でコントロールしながら、3つ目のボール（2人で使うボール）を使っていろいろなドリルを行う。

ドリル
1. 片方の選手が持っているボールに触る。
2. ボールを手で渡す→受け取る
3. ボールを投げる→キャッチ
4. ワンバウンドさせる→キャッチ（4または8まで回数を数えながら行ってもよい）

足の裏でボールをコントロールしながら、3つ目のボールを投げ合う

III 手でボールを持って行うトレーニング

❹その他のトレーニング方法

●脚の動きのバリエーション

　両脚の間に置いてあるボールを、足先（つま先の裏）で軽く触ったり、足のインサイドで横に動かしたりする。

●3人でグラウンダーのパスを行う（ハンドパスも可）

　パスをリズミカルにつなぐためには、正確なパスと集中力が必要となる。3人の間でパスがまわるようになったら、パスがまわっている間に両脚をそろえてジャンプしたり、先にも紹介した、ボールを蹴るような脚の動きを行ったりする。

> **バリエーション**
>
> 　お互いに三角形（4人でやる場合は四角形）をつくって、時計回り（または反時計回り）にパスを回す。このように、いくつかのボールを使ってグループで行うトレーニングでは、コーディネーション能力が要求される。まず三角形をつくって、時計回り（あるいは反時計回り）で3つ（4人の場合は4つ）のボールを使ってパスをする。その際に、まずは正確にパスをすることを第一に心がける。また、パスの回数を数えることで、お互いのタイミングを合わせることができる（音楽を使用してもよい）。スタートの合図をする選手は、あらかじめ決めておく。

手に持ったボールを、インサイドでキックしてパスする

［著　者］
■ペーター・シュライナー
1953年生まれ。長年にわたり、スポーツ教師およびサッカーA級ライセンスコーチとして、FCシャルケのジュニア選手、そしてアマチュアリーガの選手の指導を行う。スポーツ教師養成コースの講師を担当。ドイツサッカーアカデミーの創立に携わる。ユーゲント・フスバールの代表者でもある。本書の他にも、「ジュニア選手のためのサッカー・トレーニングプログラム」など多数。ビデオに、「ボール・コロビクス（パート1～4）」などがある。

［訳　者］
■白石　豊（しらいし　ゆたか）
1976年、東京教育大学体育学部卒業。1979年、筑波大学大学院体育研究科修了。福島大学教育学部教授。大学での講義をする一方、体操競技のコーチとしてジュニアから大学生までの指導にあたっている。また、多くのトップスポーツ選手にメンタルトレーニングの指導を行い、1996年のアトランタオリンピックでは、女子バスケットボールチームのメンタルコーチを務めた。
訳書に、『ゴルフのメンタルトレーニング』『野球のメンタルトレーニング』（ともに大修館書店）などがある。

■泉原嘉郎（いずはら　よしお）
1979年、福岡県生まれ。2001年、福島大学教育学部卒業。2005年、福島大学大学院教育学研究科保健体育専修修了。現在、ライプツィヒ大学スポーツ科学部博士過程にてコーディネーショントレーニングの研究を進める傍ら、現場でも実践活動を行っている。2003年より、1.FCロコモティブ・ライプツィヒでコーディネーションコーチを務めている。2004年からは同チームのU-8監督を兼任。

サッカーのコーディネーショントレーニング

©Yutaka Shiraishi & Yoshio Izuhara 2002　　　　NDC 783　143 p　24cm

初版第1刷	2002年11月1日
第5刷	2006年9月1日
著　者	ペーター・シュライナー
訳　者	白石　豊／泉原嘉郎
発行者	鈴木一行
発行所	株式会社　大修館書店
	〒101-8466　東京都千代田区錦町3-24
	電　話　03-3295-6231（販売部）　03-3294-2358（編集部）
	振　替　00190-7-40504
	［出版情報］http://www.taishukan.co.jp
	http://www.taishukan-sport.jp（体育・スポーツ）
装　丁	中村友和（ROVARIS）
イラスト	絵島　仁　レイアウト―たら工房
写　真	アフロ・フォトエージェンシー（カバー、1・3章扉）
	木村順子（2章扉）
印刷所	横山印刷　製本所―司製本

ISBN 4-469-26504-7　　Printed in Japan
Ⓡ本書の全部または一部を無断で複写複製（コピー）することは、著作権法上での例外を除き禁じられています。